职业教育食品类专业系列教材

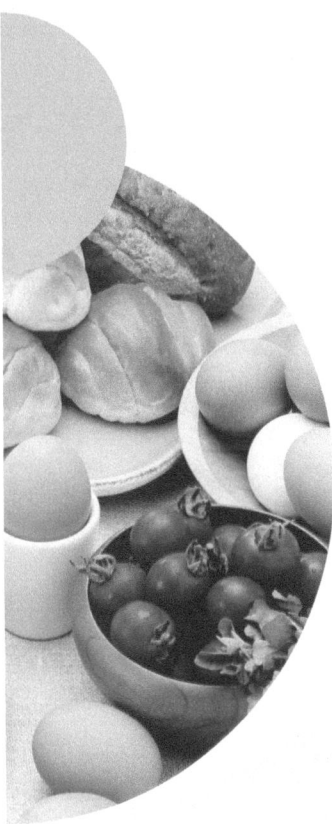

食品雕刻应用

SHIPIN DIAOKE YINGYONG

主　编　陆双有

副主编　黄　璐

参　编　余正权　罗家斌

　　　　陈丙坤　苏云杰

　　　　李秋莹

北京师范大学出版集团
BEIJING NORMAL UNIVERSITY PUBLISHING GROUP
北京师范大学出版社

图书在版编目(CIP)数据

食品雕刻应用/陆双有主编. —北京：北京师范大学出版社，
2021.8
ISBN 978-7-303-25915-1

Ⅰ.①食… Ⅱ.①陆… Ⅲ.①食品雕刻—技术 Ⅳ.①TS972.114

中国版本图书馆 CIP 数据核字(2020)第 105244 号

营 销 中 心 电 话	010-58802181　58805532
北师大出版社科技与经管分社	www.jswsbook.com
电 子 信 箱	jswsbook@163.com

出版发行：北京师范大学出版社　www.bnupg.com
　　　　　北京市西城区新街口外大街 12-3 号
　　　　　邮政编码：100088
印　　刷：北京虎彩文化传播有限公司
经　　销：全国新华书店
开　　本：787 mm×1092 mm　1/16
印　　张：7.25
字　　数：160 千字
版 印 次：2021 年 8 月第 1 版第 2 次印刷
定　　价：32.00 元

策划编辑：华　珍　周光明	责任编辑：华　珍　周光明
美术编辑：李向昕	装帧设计：李向昕
责任校对：赵非非　黄　华	责任印制：赵非非

前 言

　　食品雕刻历史悠久，是中国烹饪传统的手工技艺，广泛运用于宴会装饰和菜肴点缀，近年来发展十分迅速，工艺技巧上大量吸收了木雕、玉雕、石雕等技术，成为烹饪从业人员必须掌握的技能之一。本书在编排上以能力为本，由浅入深、循序渐进地展示工艺步骤，尊重学生的认知水平，根据学生的学习规律及行业岗位的实际需要，合理规划学生应具备的知识与能力，凸显了职业教育的特色。本书在以食品雕刻为主线的基础上，又增加了泡沫、糖艺、盘饰等工艺，使学习内容更为多样和深入。本书适合作为职业院校烹饪相关专业的专业课教材，也适合作为烹饪从业人员的参考书籍。

　　本书根据职业院校烹饪专业学生的认知特点以及其他培训对象的实际需要，确定食品雕刻学习中的目标和重难点，对食品雕刻教材的内容设计以及雕刻作品的深度、难度做了调整，做到通俗易懂；雕刻作品与行业岗位的实际需求接轨，突出实用技能的培养与应用，做到理论上的实用。

　　本书主要采用"以工作任务为中心，以典型产品为载体"的编写法，特别是使用多图片将食品雕刻工艺的过程一步一步地展示出来，力求给学生营造一个更加直观的认知环境。

　　本书理论与实践结合紧密，在重视食品雕刻基础理论知识学习的基础上，突出实操技能的务实性、灵活性、有效性，让学生看得懂，学得会，能运用。

　　本书由陆双有担任主编，黄璐担任副主编，具体编写分工为：陆双有负责项目一至项目六的撰写，黄璐负责项目七的撰写，余正权、罗家斌、陈丙坤负责项目八至项目十的撰写，课后习题由苏云杰、李秋莹撰写。本书的编写得到广西水产畜牧学校领导的关心与支持；同时，在编写过程中还得到烹饪专家和教育专家对本教材提出的宝贵意见，在此一并表示衷心的感谢。

　　由于编者水平有限，加之时间仓促，书中不足之处在所难免，恳请各位专家、读者批评指正。

陆双有

目 录

项目一
食品雕刻基础知识

任务一　认识食品雕刻

1. 食品雕刻的基本概念

食品雕刻是烹饪与雕刻艺术相结合而产生的一门雕刻技艺。食品雕刻是指运用一些特殊的雕刻工具、雕刻刀法和手法，把具有可食性的食物原料制作成型态美观、结构准确、形象生动、构思精巧的花卉、鸟兽、鱼虫、山水等各种具体形象的技术。食品雕刻是我国烹饪技术中不可或缺的重要组成部分，体现了中国烹饪精湛高超的技艺。

中国菜肴历来讲究色、香、味、形、器、质、养等，且驰名中外，位于世界之冠，而食品雕刻的发展和作用也是一个重要的原因。国际上把食品雕刻赞誉为"中国厨师的绝技"和"东方饮食艺术的明珠"。

2. 食品雕刻的作用

食品雕刻的题材繁多、取材广泛，无论是花鸟鱼虫、亭台楼阁，还是神话传说，凡是具有吉祥含义、寓意美好的题材都可以用食品雕刻的形式表现出来，或食用，或欣赏。食品雕刻广泛运用于菜肴制作、菜点装饰、宴会看台、展台的制作等，其主要作用体现在以下几个方面。

（1）食品雕刻能美化菜点，使其色、形更加完美，同时也能弥补菜点在色彩和形态上的不足，从而达到提升菜点品质的目的。

（2）食品雕刻能提高宴席和菜点的档次，不仅能烘托、活跃宴席的气氛，而且也可以丰富宴席的色彩，使宴席组合形式丰富而多样。

（3）食品雕刻不仅能使菜点和宴席的主题突出、鲜明，也能使食客在享用美食的同时得到艺术的享受。

（4）食品雕刻能提高烹饪从业人员的艺术修养、造型能力和审美能力。同时，食品雕刻也是衡量其烹饪技术水平的一个重要方面。

（5）食品雕刻能体现餐饮企业的技术水平，是餐饮企业扩大宣传、树立品牌的一种必备手段。特别在每一次的交流、比赛中，精美的食品雕刻展台往往是每一次活动的亮点，吸引着广大观众的目光。

3. 食品雕刻的由来与发展

中国食品雕刻历史悠久，具体起源于何时，现在无法准确考证。食品雕刻的雏形应该来自人类原始的祭祀活动，早在春秋时就有真正意义上的食品雕刻存在。当时的人们是在蛋的外壳上进行雕刻和染绘画，然后烹熟而食，这应该是世界上最早的雕刻艺术品了。

"蛋雕"这种艺术流传至今，到现在也还有这项雕刻艺术存在。

食品雕刻起源于中国，是将我国传统的牙雕、木雕、石雕、玉雕和木刻等美术工艺造型方法和技巧运用到食品上的一项传统技艺，是悠久的中华美食文化孕育的一颗璀璨的明珠。

春秋时期，孔子提出了"食不厌精，脍不厌细"等对菜肴和食物的要求，这种思想也促进了烹饪技术的提高和食品雕刻的发展。到了隋唐时期，食品雕刻大量流行起来。其中比较有代表性的有"酥酪雕"，即在酥酪上进行雕刻，被称为"香食"；隋炀帝专用菜肴"镂金龙凤蟹"，即在菜肴"糖醋螃蟹"的上边覆盖一张用金纸镂刻成的有龙凤图案的雕刻品，作为菜肴的装饰；唐代的"辋川小样"花色工艺菜，就是模仿唐代诗人王维的《辋川十二图景》制作的，它运用了多种不同介质、不同颜色的食物原料雕刻成景物，然后组合而成；到了宋代，在筵席上使用食品雕刻已成为一种风尚，雕刻的内容也从一般常见的雕花蜜饯，发展到雕刻各种造型的虫、鱼、鸟、兽、亭台楼阁，厨师的雕刻技艺也已发展得非常高超了；明清时期的淮扬瓜雕——"西瓜灯"是瓜雕艺术发展的鼎盛时期，其表现的内容、雕刻的刀法和作品的构思都达到了一个新的高度，这也说明食品雕刻在当时到达了相当精美的程度。

随着人类社会的不断发展，特别是我国改革开放与经济飞速发展，人们的生活水平不断提高。当人们物质生活得到一定的满足后，就会追求精神生活的享受，也就是俗话说的要从过去的吃得"饱"变成现在的吃得"好"，主要就是对菜肴的色、香、味、形、器、质、养等方面的要求。因此，中国的食品雕刻艺术真正得到继承、发展和创新，是在20世纪90年代以后。

在以前，食品雕刻只是反映上层社会、封建贵族的奢侈豪华，而现在食品雕刻得到了广泛的运用，大到国宴，小到普通酒店、餐馆，都用上了食品雕刻的花、鸟、鱼、虫等来装饰菜点和席面。食品雕刻作为烹饪艺术的一部分，也紧跟时代步伐，在不断地发展、完善和创新，现在可以说是一个大发展的阶段。各地区间烹饪技艺的不断交流、学习，充分借鉴和继承了我国传统的木雕、石雕、玉雕、根雕等雕刻艺术的精华；加上广大烹饪工作者对雕刻技术的刻苦钻研、精益求精，特别是一些新的食品雕刻技法和新的食品雕刻工具的发明和运用，使食品雕刻得到了空前的发展，也使食品雕刻艺术达到了新的高度。全国涌现了一大批食品雕刻艺术大师，形成了一些食雕艺术的流派，显示着食品雕刻旺盛的生命力。

食品雕刻作为一门雕刻艺术，也随着人们对美的不断追求在不断地改变其艺术形态。作为新一代的烹饪工作者，应该学习好、运用好食品雕刻，掌握高超的烹饪技艺，使烹饪技术向更加完美的方向发展。

4. 食品雕刻的种类

食品雕刻的题材和内容非常丰富，种类多种多样。根据不同的分类标准，食品雕刻的分类也有所不同。这里主要介绍两种常见的分类方法。

1）按食品雕刻所用的原材料分类

按食品雕刻所用的原材料分类，食品雕刻主要分为以下几种。

（1）果蔬雕刻：果蔬雕刻是指以瓜果蔬菜作为主要雕刻原料的雕刻形式。

（2）琼脂雕刻：琼脂雕刻是指将琼脂加热熔化，倒入容器中冷却，然后把它作为雕刻的主要原料的一种雕刻形式。

（3）黄油雕刻：黄油雕刻起源于欧洲。其以泡沫雕刻为基础和骨架，然后将黄油挂抹上去，把雕塑作品的细致部分塑造出来后，再用一些特殊的刀具进行雕塑成型。

（4）肉糕类雕刻：肉糕类雕刻以鸡、鸭、鱼、肉、虾、蛋等为原料，蒸制成各种糕类，然后以其为原料进行雕刻创作。应该注意的是：蒸好的肉糕要做到不涨、不发、不松、不破，色彩美观、刀口细腻整齐。

（5）豆腐雕刻：其以豆腐作为雕刻的原料。雕刻时一般在水中，利用水的浮力慢慢地雕刻，动作要求做到稳、准、轻、柔。

（6）糖雕（图1.1）：糖雕也称"糖艺"，就是把白糖、饴糖、葡萄糖的糖浆、糖醇等经过配比、熬糖、拉糖，然后采用吹、捏、压、挤、剪等方法进行加工处理，制作出具有观赏性、可食性、装饰性、艺术性的糖制食品的一种工艺。

（7）冰雕：冰雕是在石雕的基础上逐步形成和发展起来的一门雕刻艺术，主要以冰块作为雕刻的原料。

（8）面塑：面塑也称"面雕"，是以糯米粉、面粉、蜂蜜等为制作的原料进行雕塑。面塑本是一种民间工艺，后来被引入餐饮，用来点缀、美化菜点，烘托宴席的气氛。

图 1.1

（9）其他类雕刻：其他类雕刻主要有泡沫雕刻、花泥雕刻等（图1.2和图1.3）。它们不属于食品雕刻的范围，但是作为一种纯艺术品，常被用于餐饮展台的制作。其重量轻，易保管，作品大气，上色后自然逼真，造型灵活多变，极具艺术价值。

图 1.2

图 1.3

2）按食品雕刻的题材和内容分类

按食品雕刻的题材和内容分类，食品雕刻主要分为以下几种。

（1）花类雕刻：其以真实的花卉、枝叶、果实为雕刻的题材和原型进行创作，如月季花、茶花、牡丹花、菊花、荷花、玫瑰花、大丽花等。

（2）禽鸟类雕刻：鸟的种类很多，但是作为食品雕刻题材的主要是一些常见的且有一定美好寓意、形态美丽的鸟类，如凤凰、老鹰、孔雀、公鸡、仙鹤、鸳鸯、锦鸡、喜鹊、绶带、鹦鹉等。

（3）水族类雕刻：水族类的种类很多，但作为食品雕刻题材的主要也是一些常见的且形态美观，并有一定美好寓意的鱼类，如金鱼、鲤鱼、神仙鱼、虾蟹等。

（4）昆虫类雕刻：昆虫的种类很多，作为食品雕刻题材的主要有蝴蝶、蝈蝈、蜻蜓、蜜蜂、螳螂等。

（5）畜兽类雕刻：畜兽类主要是一些与人类比较亲近的畜、兽类以及一些吉样的神兽，如马、牛、兔、虎、狮、龙、麒麟等。

（6）建筑景物类雕刻：建筑景物类雕刻主要有宫殿园林、亭台楼阁、假山、古树、云彩等。

（7）器物类雕刻：器物类雕刻主要有花篮、花盆、鼎、灯笼、如意、花瓶、瓜盅、瓜灯等。

（8）人物类雕刻：人物类雕刻主要以神话传说的人物和历史英雄人物为主要的雕刻题材，如仙女、八仙、罗汉、关羽、寿星、嫦娥等。

5. 食品雕刻的表现形式

1）圆雕

圆雕又称整雕、立体雕刻。传统意义上的圆雕是在不用粘接的同一个原料上进行雕刻，雕刻出完整、独立的作品。但是现在一般也把形状是立体的、从各个面看都可以呈现出雕刻主题的形象，可供多角度欣赏的雕刻统称为圆雕。整雕在雕刻技法上是最难的，要求也比较高。整雕作品的整体性、适用性强，无须其他物品的支持和陪衬就能制成一个完整的、立体的艺术形象，具有较高的欣赏价值。

2）平刻

平刻也称平雕，就是平面的雕刻，即用菜刀或其他刀具雕刻出花、鸟、鱼、虫等的形象轮廓，然后切出平雕片来。也可以用食品模具在原料上用力按压成型，再将其一片片切开备用。其主要用于热菜的配料，盘边的点缀、装饰，冷菜中原料的刀工造型等。

3）浮雕

浮雕，就是在原料的表面上，雕刻出向外凸出或向里凹进的花纹或者图案的一种雕刻方法。浮雕又分为凸雕（阳文浮雕）和凹雕（阴文浮雕）。阳文浮雕的雕刻难度要大于阴文浮雕，但是效果更好。浮雕技法最适合制作"瓜盅""瓜罐""瓜盒""瓜灯"等艺术性较强的瓜雕类雕刻。

4）镂空雕

镂空雕也称"透雕"，就是在雕刻好的作品上，将某些地方根据要求采用镂空透刻的方法刻穿、刻透，但是雕空的部分彼此联系。这种雕刻表现形式能使原料内部具有空间感，有的还可以在作品的里面点上蜡烛或装彩灯，让烛光、灯光透过空隙散发出来，形成玲珑剔透的视觉效果，别有一番独特的意境。

5）组合雕

组合雕又称"零雕整装"，就是先分别雕好作品的各个部件，然后再通过粘接组装成完整的作品。一件作品可以用一种原料雕刻，也可以是多种原料雕刻而成。这是一种普遍采用的雕刻方法。这种方法的好处就是色彩丰富而鲜艳，形态逼真，造型灵活，艺术表现力更强。

6. 食品雕刻的安全卫生和保管

在整个烹饪过程中，食品的安全和卫生一直是放在一个最重要的位置，只有食品的安全和卫生做得好，烹饪活动才会有意义。食品雕刻作为整个烹饪过程中的一部分，与菜点的配合非常紧密。由于食品雕刻的特殊性，如果不注意合理使用反而会给菜点造成污染，影响食物的卫生安全。因此，卫生安全始终贯穿于食品雕刻的制作过程及雕刻成品的储藏和应用之中。要特别注意以下几个方面。

（1）食品雕刻的原料必须是可食用的食品原料，不得用非食品原料加工。要选用新鲜优质的，无生虫和腐烂变质的原料。

（2）雕刻制作人员要注意个人卫生，不得有传染病、传染性皮肤病等；穿戴干净的工服，注意不留长指甲，手要清洗消毒。

（3）雕刻的环境要求洁净明亮，空气新鲜，场地清洁卫生。这样的环境不仅能避免外界环境因素的污染，而且还有助于雕刻者的创作。

（4）食品雕刻所使用的工具要清洁卫生，生锈的刀具或是久藏积尘的、污染的刀具，在使用前必须擦亮磨光，开水煮烫消毒后方可使用。案板、转台、垫板、衬布等其他用具必须是专用的，使用时要保持清洁卫生。

（5）雕刻成品必须单独存放，与其他物品实行隔离，以免污染；必要时用保鲜膜包好封口放入冰箱内保存备用。

（6）雕刻成品使用时尽量不要与菜点直接接触，避免生熟不分和互相污染；假如要接触作为盛器的瓜盅等，可以垫上锡箔纸或是其他餐具隔离，也可以用蒸、煮的方法杀菌消毒后使用。

任务二 食品雕刻主要的工具及用途

1. 食品雕刻的常用原料

1）青萝卜（图1.4）

青萝卜体形较大、质地脆嫩，适合刻制各种花卉、叶子、小草、飞禽走兽、风景建筑等，是比较理想的雕刻原料，秋、冬、春三季均可使用。

图1.4

2）胡萝卜、白萝卜、莴笋（图1.5）

胡萝卜、白萝卜、莴笋这三种蔬菜体形较小，颜色各异，适合刻制各种小型的花、鸟、鱼、虫等。

图1.5

3)红菜头(图1.6)

红菜头又称血疙瘩,由于色泽鲜红、体形近似圆形,因此适合雕刻各种花卉。

图 1.6

4)马铃薯、红薯(图1.7)

马铃薯、红薯质地细腻,可以刻制花卉和人物。

图 1.7

5)白菜、洋葱

白菜、洋葱这两种蔬菜用途较为狭窄,只能刻一些特定的花卉,如菊花、荷花等。

6)冬瓜、西瓜、南瓜、黄瓜(图1.8)

因为冬瓜、西瓜、南瓜这些瓜的内部是带瓤的,可利用它们外表的颜色、形态刻制各种浮雕图案。如去其内瓤,还可作为盛器使用(如瓜盅和镂空刻制瓜灯);黄瓜等小型原料可以用来雕刻昆虫,也可以加工后起装饰、点缀的作用。

图 1.8

7)红辣椒、青椒、香菜、芹菜、茄子、红樱桃、圣女果、葱白(图1.9)

红辣椒、青椒、香菜、芹菜、茄子、红樱桃、圣女果、葱白这些品种主要用作雕刻作品的装饰。

图 1.9

2. 食品雕刻的工具

食品雕刻需要使用专用的工具，好的雕刻工具是雕刻完成一件好的雕刻作品的前提条件，特别是一些特殊工具的发明和使用在很大程度上促进了食品雕刻的发展和提高。食品雕刻工具的种类非常多，没有统一的标准和规格，大多是雕刻者根据自己的实际操作经验和作品的具体要求自行设计，加工制作的。食品雕刻工具制作的材料大多为不锈钢、白钢和大马士革等金属材料，大致可以分为切刀、主刀、戳刀、拉刻刀、模具刀及特殊刀具六大类。

1）切刀（图 1.10）

雕刻中用的切刀主要就是平常使用的刀身比较窄小一点的水果刀。其主要用于雕刻时对原料"开大形"和切平大形雕刻时原料的粘接面。用切刀可以提高雕刻的速度，也能使原料间的粘接紧密而且牢固。

图 1.10

2）主刀（图 1.11）

主刀，也叫手刀、平口刀、雕刀，是食品雕刻中最重要的刀具。主刀的用途极广，甚至可以代替戳刀使用，故称"万能刀"。主刀主要采用白钢、锋钢、锯条钢等硬度高并且韧性好的材料制作，其刀口异常锋利，刀身窄而尖，长度一般不超过 10 厘米。

图 1.11

3）戳刀

戳刀又叫槽口刀，分尖形（V形）和圆形（U形）戳刀，品种、规格众多，用途非常广。其特点是：雕刻的速度比雕刀快，雕刻出的线条块面光滑、均匀，清晰流畅。

（1）V形戳刀（图1.12）：V形戳刀刀口呈V字形，有大小多个规格。其戳出的线条呈三棱形，可长可短、可粗可细，主要用于瓜雕的花纹、线条和鸟类的尖形羽毛的雕刻，也可用于雕刻尖形花瓣的花卉。

图1.12

（2）U形戳刀（图1.13）：U形戳刀刀口呈U字形，有大小多个规格，其戳出的线条呈圆弧状的条形。U形戳刀主要用于雕刻鸟类的羽毛，戳圆形的孔洞，也可用于圆形花瓣的花卉、动物的肌肉和骨骼的雕刻。

图1.13

4）拉刻刀（图1.14）

拉刻刀是一种既可以拉线又可以刻形，也可刻形和取废料同步完成的食雕刀具。其特点是：雕刻速度更快，雕刻出的作品完整无刀痕，特别适宜雕刻人物、兽类等。

图1.14

5）模具刀

模具刀，就是用薄的金属片，根据各种动植物的形象轮廓而做出来的空心模型，其边缘有刀口，品种、规格众多，主要用于平刻。使用时，将模具刀的刀口朝下置于原料之上，用力压下，然后切片备用。

6）特殊工具

特殊工具是雕刻者根据个人的喜好和雕刻需要使用的一些雕刻用具，主要包括刻线刀、划线刀、矩形刀、双线拉刻刀、拉刻刀、挖球刀、挖料刀、分规、镊子、剪刀、锉刀、墙纸刀、木刻刀具、502胶水等。

3. 食品雕刻工具的保养及使用要求

古人云："工欲善其事，必先利其器。"要雕刻出好的作品就必须要有好的雕刻工具。食品雕刻工具总的要求是小巧灵活、方便易用、刀口锋利。食品雕刻工具的保养及使用要求如下。

（1）每种雕刻工具都有其特殊的用途，应该根据雕刻的需要合理地选用，否则会造成刀具的损坏或者雕刻不出要求的效果。

（2）磨利刀具，保持每种雕刻工具刀口的锋利、光滑，否则会造成作品的刀路不整齐光滑，质地松软的原料雕刻困难，还容易溜刀伤手（因为刀口不锋利反而不好控制用刀的力度）。

（3）磨好的雕刻工具不可以去刻一些质地特别硬的东西，这样做很容易使刀口缺损，甚至完全不能使用。

（4）使用完后应该及时洗净、擦干、包好、装盒，最好是分类保管，以免生锈和碰损刀口。

（5）操作时，刀具要摆放整齐，不要与原料及其他杂物混放在一起，以免在操作中误伤；使用时，要做到时刻专心细致。

4. 各种食品雕刻工具磨刀方法

雕刻工具在使用一段时间后都需要重新进行打磨。其实，磨刀就是通过刀具与磨刀石之间的摩擦，使刀具变得锋利好用。刀具磨制的主要工具就是磨刀石。磨刀石的种类很多，主要分为粗磨刀石、细磨刀石两大类。一般是先用粗的磨刀石磨大形；然后再用细的磨刀石磨平刀身、磨利刀刃。这是一种既快又好的磨刀方法。不同的雕刻工具有不同的磨刀方法，下面介绍几种主要雕刻刀具的打磨。

1）切刀的磨制

先用清水把粗磨刀石和切刀打湿，最好是把磨刀石放在水中泡一下，然后将刀身平放在磨刀石的石面上。刀背微微地抬起一点角度，角度不要太大，保持、稳定好磨刀的角度用力将刀身由后向前、由前向后推拉，反复磨制，直到达到要求；再用同样的方法翻面磨另一面，两面都达到要求后换用细磨刀石磨平切刀的刀身，磨利切刀的刀刃，使切刀的刀身平整光滑，刀口锋利而且好使用。

2）主刀的磨制

主刀的磨制方法与切刀的磨制方法一样，主要区别在于磨刀时握刀的姿势；另外，磨的时候要特别注意不要损坏主刀的刀身形状，也不要把主刀的刀身磨得太薄。主刀是食品雕刻最重要的工具，也是使用时间最多的刀具，其磨刀的质量要求也是最高的。主刀的刀身要求要有一定硬度，整个刀身面要平整光亮，磨刀时留下的刀痕一定要磨平，刀口要特别锋利，要求达到能刮下毛发的程度。

3）戳刀的磨制

戳刀主要分 V 形和 U 形，其打磨的方法是一样的。戳刀磨制的主要工具有：钢制的小圆铿、三棱锉、砂纸、砂条、细磨刀石等。戳刀磨制的操作方法比较简单、快速，一般是先磨戳刀口的内缘边，再磨戳刀口的外缘边。首先，根据戳刀的形状选择与其形状一致的磨刀工具，然后把戳刀和锉刀用水淋湿，将锉刀置于戳刀内口，由内向外拉动，将戳刀的内沿口锉成斜口。戳刀的内沿口锉好后，再将戳刀的外沿口置于细磨刀上像磨主刀一样磨，直到戳刀口锋利；也可以在最后用细砂纸或砂条将戳刀口内外磨快即可。磨戳刀时，要注意的是：由于戳刀比较薄，加上材质不是很硬，因此磨的时候用力大小和磨的程度要控制好，磨的过程中要多观察，防止戳刀口变形损坏。

4）拉刻刀的磨制

拉刻刀的磨制方法与戳刀的磨制方法和要求是一样的，只是在磨拉刻刀外沿口时，手要拉动拉刻刀，用力要轻而平稳，防止损坏刀形和刀口。

5）模具刀和特殊工具的磨制

这类雕刻工具的种类和规格很多，但是其打磨的方法和要求与主刀、戳刀、拉刻刀等是一样的，要注意的就是磨制的时候用力大小要适当，磨制的过程中要勤观察，防止工具的损坏。

任务三　食品雕刻的制作步骤及常用技巧

1. 食品雕刻的常用手法

食品雕刻是一门独特的雕刻艺术。有着一套独特的雕刻刀法、手法。由于食品雕刻原料品种多而且质地各异，因此食品雕刻的刀法和手法就非常多。食品雕刻的过程中需要轮番使用许多雕刻刀具，同时，也要根据雕刻成型的需要，不断地变化各种刀法和手法。有时，同一种雕刻工具为了雕刻的需要就要采用多种雕刻刀法和手法。刀法、手法是食品雕刻最重要的基本功之一，一定要熟练掌握。食品雕刻主要的刀法、手法有以下几种。

1）切刀法

切刀法主要用于雕刻时修整原料和"开大形"，属于一种辅助的雕刻刀法。它主要用于不规则的大块原料的最初加工处理，使不整齐的原料在厚、薄、长、短上更加明显地表现出来，有利于雕刻作品造型的设计；另外，还可以用于雕刻时的"开大形"，使后边的雕刻变得简单省事，加快雕刻的速度。

2）削刀法

一般是把悬空的切称为削，就是将刀在原料上笔直地推出去或是拉回来，运刀的路线为直线，削出的面为一个平面，是食品雕刻中一种常用的刀法。

3）刻刀法

刻是食品雕刻中最常用的刀法，整个雕刻过程中都在使用。刻是食品雕刻的精加工刀法，是对雕刻作品局部较细形态的加工手法，主要使用雕刻的主刀来进行。刻的过程主要是通过手指和手腕的运动来达到刻形和去废料的目的。

4）旋刀法

旋也称旋刀切，是一种用途很广的刀法，不仅可以单独旋刻一些弧度比较大的花瓣，而且是雕刻过程中所必需的辅助刀法。其主要使用雕刻的主刀，运刀路线为弧线，雕刻出的面也是带圆弧形的，就像削苹果皮似的。旋刀法操作起来有一定的难度，使用时持刀要稳，下刀要准，刀要贴着原料运刀，确保旋刻出的面平整而光滑。

5）戳刀法

戳刀法是食品雕刻中一种常用的刀法。戳刀法操作简单，但用途非常广泛。戳刀法用的工具是戳刀。雕刻时，首先将戳刀斜插入原料的表面，持刀的手将戳刀匀速向前推动，刻出丝、条、沟、槽等形状。戳刀法主要分为直戳、曲线戳、翘刀戳、翻刀戳4种。

（1）直戳：操作时左手拿稳原料，右手持刀，将戳刀压在原料的表面，找好进刀的点位然后进刀，并确定好深度或厚度，刀口朝前或向下，直线推进。

（2）曲线戳：曲线戳和直戳方法一样，只是运刀的线路是曲线的，刻出的线条是弯曲的。曲线戳主要用于雕刻细长而且弯曲的形状，如鸟类的羽毛、动物的毛发等。

（3）翘刀戳：翘刀戳是主要用于雕刻凹状或勺状花瓣等形状的一种方法。雕刻时，左手拿稳原料，右手持刀，将戳刀压在原料的表面，找好进刀的点位，先浅然后慢慢地加深，到一定的深度后，刀尖慢慢往上翘，刀后部往下压，刻出的形状呈两头细的凹状或勺状，如睡莲、梅花、荷花等的雕刻。

（4）翻刀戳：其操作方法和直戳的方法基本一样，区别就是戳的时候进刀的深度要慢慢地加深，当快要戳到位时将戳刀往上抬，再将戳刀拔出。这种戳刀法特别适宜雕刻鸟类的羽毛或是细长形的花瓣。其特点是：刻好的花或羽毛用水泡后就会自然地翻卷。

6）刻画

刻画，就是用雕刻刀具代替笔并且像笔一样使用的一种雕刻刀法。刻画是雕刻过程中重要的辅助手段。刻画操作简单，但是要求雕刻者要有一定的艺术修养和美术功底，可用于辅助雕刻时的"取大形"，以及瓜雕、浮雕等的雕刻。

7）压切

这种刀法主要使用各种模具刀进行雕刻，刀法比较简单易学。其操作过程是先将原料放在案板上，然后把模具刀口朝下对准原料压下去，最后取出。

2. 食品雕刻的制作步骤和学习方法

食品雕刻是一个复杂的制作过程，为了使雕刻过程有条不紊地进行，雕刻出主题思想明确、形态优美、符合要求的优秀作品来，可以把食品雕刻分为以下几个制作步骤。

1）选题

选题就是选择雕刻的内容题材，确定雕刻的题目。选题是食品雕刻的第一步，要达到题、形、意的高度统一。选题时要注意作品的主题思想，要有一定的思想性和一定寓意，要根据作品的具体用途来确定。作品的主题、题材、内容要与宴会的气氛和内容相符合，这样才能引起大家的共鸣。

2）选料

选料就是根据作品的题材和雕刻作品的类型来选择合适的原材料，对于原料的具体用处要心中有数，做到大料大用，小料小用，防止原料使用不当的浪费。选料时，还要考虑作品色彩的搭配，使作品在色彩和质量上达到理想的要求。

3）构思

构思主要包括确定雕刻作品的表现形式、大小、高低、长短等，以及主题部分的安排，陪衬部分的位置以及色彩的分布，作品的大小比例等；必要时，要用笔画出示意草图，这样才能有条不紊地开展工作，才能体现出整体的协调美观、局部的细致精巧；另外，具体到每一个雕刻部件的形状和技法也要做好设计，有了良好的构思基础才能使作者的刀工、刀法得到充分的体现和发挥。

4）雕刻

雕刻是食品雕刻步骤中最重要的一环。食品雕刻的艺术价值就是通过雕刻技艺来体现的。雕刻是把前面的设计和构思具体地表现出来。雕刻实施总的方法是"先整体，后局部"，也就是先雕刻出作品的"大形"之后，再细致雕刻具体的地方。

5）组装待用

食雕作品雕刻完成后，为了达到最佳的艺术效果，往往还需要对雕刻作品进行组装整理以及进一步的修饰，比如，盛器的选择、食雕配件的安装、整体构图效果以及怎样摆放等。总之，要把食雕作品的最佳效果在实际应用中完美地表现出来。

3. 主要食品雕刻工具的握刀方法

掌握食品雕刻工具的正确使用方法，对于学好食品雕刻是十分重要的，特别是对于初学者来讲尤为重要，如果开始学的时候方法就不对，并习惯了错误的方法，想要改正过来就很难。掌握正确的使用方法，能让初学者在很短的时间内熟练掌握食品雕刻的多种刀法和手法；同时，还可以保证食品雕刻的操作安全，减少失误。

由于每个人有不同的操作习惯，因此，在食品雕刻工具的使用方法上会有所区别。我们应该把自己的操作习惯和常用的操作手法相结合，找到一种适合自己的操作手法。由于食品雕刻的不断发展和雕刻技艺的不断提高，一些新的食品雕刻工具会不断出现，使用的方法也会有所变化，但是基本的要求是不变的，就是必须保证食品雕刻的操作安全，减少失误，能让学习的效果好、工作效率高，省时、省力还可省料。

1）横掌握刀法

该方法是四指握住刀柄，使刀刃向内，拇指空开，在雕刻时抵住原料，起支撑、稳定作用。雕刻时，靠收缩手掌和虎口使雕刻刀夹紧向里运动。这种握刀法运刀的力量最大、最稳，但有时显得不够灵活。

2）两指握刀法

该方法是食指和拇指握住刀身，其余三指作为支撑点，起稳定的作用。雕刻时，靠拇指和食指的收缩来使刀运动。这种握刀法的优点是：运刀非常灵活、快速，特别适用于雕刻细节的地方。只是对于初学者来说，由于拇指和食指的力量不够，采用两指握刀法雕刻时感觉力量不够，显得力量较小。在这种情况下，就可以在两指握刀时加上一个中指，这样就感觉力量要大一些，握刀要稳一些。

3）握笔式握刀法

握笔式握刀法是一种像握笔一样握雕刻刀的方法。该方法是无名指和小指微微并拢、内弯，抵住原料，使运刀平稳，起支撑的作用。刀把置于虎口，刀身平放于中指第一关节。食指抵住背，拇指轻压在刀把和刀身连接处。该方法主要靠拇指、食指和中指的收缩来运刀（注意：刀刃一般都是朝向左边或朝向里面）。

课后习题

一、单选题

1. 食品雕刻是（　　）艺术与雕刻艺术相结合而产生的一门雕刻技艺。

A. 烹饪　　　　　　　B. 烹制　　　　　　　C. 烹熟　　　　　　　D. 烹调

2. 中国的食品雕刻艺术真正得到继承、发展和创新，是在 20 世纪（　　）年代以后。

A. 60　　　　　　　　B. 70　　　　　　　　C. 80　　　　　　　　D. 90

3. 食品雕刻起源于（　　）。

A. 美国　　　　　　　B. 中国　　　　　　　C. 德国　　　　　　　D. 英国

4. 圆雕又称（　　）、立体雕刻。

A. 整雕　　　　　　　B. 浮雕　　　　　　　C. 平雕　　　　　　　D. 组合雕

5. 食品雕刻的艺术价值就是通过雕刻（　　）来体现的。

A. 技艺　　　　　　　B. 技术　　　　　　　C. 技巧　　　　　　　D. 手法

二、简答题

1. 食品雕刻主要体现在哪几个方面？

2. 食品雕刻刀具的保养应注意哪几个方面？

3. 食品雕刻工具大致可以分为哪几类？

4. 为了使雕刻过程有条不紊地进行，雕刻出主题思想明确、形态优美、符合要求的优秀作品来，可以把食品雕刻分为哪几个制作步骤？

项目二
花卉类食品雕刻

任务　花卉类雕刻工艺

1. 花卉雕刻的基础知识

花卉以其蓬勃快然的生机、绚丽多彩的颜色、沁人心脾的芳香，自古以来就深受人们的喜爱。花卉不仅装点着河山，美化着环境，同时又能陶冶情操，给人以美好的精神享受。正是人们爱花、喜欢花，所以把花卉作为主要的雕刻素材，利用雕刻的方法，将食物原料雕刻成各种各样的花卉，运用到菜点的制作和装饰中。

花卉雕刻是学习食品雕刻的重点，也是学习食品雕刻的入门基础。通过学习雕花，可逐渐掌握食品雕刻中的各种刀法和手法，为以后的学习打下坚实的基础，由浅入深，由易到难，循序渐进，掌握食品雕刻的各种技巧，练就高超的食雕技艺。同时，花卉的雕刻造型方法和技巧对于提高菜点制作的色、形方面也有很大的帮助。

2. 花卉的基本结构

花卉的品种很多，形态、颜色也不一样。但是它们的基本结构是一样的，主要由花瓣、花蕊、花萼、花托、花柄等组成。

1) 花瓣

一朵花主要是由花瓣构成，每种花卉的花瓣形状是有区别的。在食品雕刻中主要分为圆形、桃尖形、细条状形、勺状形以及不规则锯齿状等形状，如圆形花瓣的有茶花、梅花等；桃尖形花瓣的有月季花、玫瑰花、荷花等；细条状形花瓣的主要是各种菊花；勺状形花瓣的主要有玉兰花等；不规则锯齿状花瓣的有牡丹花、康乃馨等。另外，同一朵花卉的花瓣大小、长短也有区别的情况下，外面的长、大，里面的短、小，这种变化是渐变的。

花瓣的颜色鲜艳、姹紫嫣红，但是其色彩也有浓淡、深浅的变化。比如，有的花瓣是上面部分的色彩深一些，而花瓣的根部色彩却浅一些，这种颜色是渐变的。因此，如果需要给雕刻的花瓣着色，应注意把这种效果表现出来，否则着色反而会显得不自然。

不同的花卉，除了花瓣的形状、颜色不一样以外，花卉的花瓣数量和花瓣层数也不一定相同，每种花卉的层数最少 1 层，多的一般不会超过 6 层。

2) 花蕊

花蕊是花卉繁殖器官的一部分，颜色多而鲜明，分为雌蕊和雄蕊。雌蕊位于花卉的正中心，呈柱形，柱头有些还分叉。雄蕊围在雌蕊的外边，呈丝状，上部有形状似米粒的花药；花蕊的颜色与花瓣的颜色对比比较鲜明，在数量上是雌蕊少而雄蕊多。在食品雕刻中，很多花卉在雕刻时是不用雕刻花蕊的，而是用花瓣把花蕊包起来，形成一个花苞，这样既降低了雕刻的复杂程度，同时又未使所雕花卉的艺术效果受到影响。

3）花萼

花萼在花瓣与花托连接的位置，由多个萼片环列分布。花萼的形状像小叶片，颜色大多为嫩绿色、翠绿色或深绿色，也有带紫色、红色的。花萼的瓣数为3～5片，有些与花瓣的数量一致。但是在食品雕刻中，一般没有将花卉的花萼和花托雕刻出来，因为在通常情况下，使用花卉装饰菜点时是看不见花萼和花托的。

3.花卉雕刻的要点

花卉的雕刻方法在食品雕刻中是比较简单的，但是对基本功的要求却非常高，雕刻时刀法和手法需要通过大量的练习来逐步提高，这是一个长期训练的过程，要做到勤学苦练、持之以恒。眼勤、脑勤、手勤，是学好花卉雕刻的关键要领。同时也要注意以下几个方面。

1）使用适当刀具

刀具的大小、软硬要适当。雕刻花卉用的刀具要硬一点的，不要太软，否则在雕刻时刀具会发生变形。另外，刀具是否平整锋利将会影响花瓣的厚薄和平整度，刀具不利，雕刻时不好控制力度，反而容易发生危险。

2）雕刻方法由易到难

花卉雕刻应先从简单的花卉雕刻开始，逐渐增加难度。通过雕刻简单的花卉，能逐步熟练掌握各种雕刻的刀法和手法，同时也能培养起学好食品雕刻的信心。

3）原材料要新鲜

花卉雕刻要求花圈平整光滑、厚薄均匀（宜薄不宜厚），这样的花才形象生动、逼真。雕刻花卉的原材料必须新鲜，质地紧密而坚实，不空心，肉内无筋。如雕刻的原料不好，就不容易达到这样的要求，会影响作品雕刻好后的艺术效果。

4）抓住花瓣形态特征

花卉雕刻时，要抓住花瓣的形态特征。花瓣形状的好坏直接影响着作品最后的艺术效果，初学者可以先用笔在纸上画一下花瓣的形状，然后再在原料上进行雕刻，这样要容易一些。

5）掌握角度、深度和厚度

花卉雕刻过程中要掌握好角度、深度和厚度。

（1）角度：角度是指花瓣与花瓣之间的距离，也是花瓣与底面水平线的角度。花瓣与花瓣的距离越大，花瓣的层数就越少；反之，就越多。花瓣与底面水平的角度是逐渐加大的，否则作品雕刻好后没有包裹状的花芯或是容易出现抽薹的现象。

（2）深度：深度是指去废料或刻花瓣时下刀的深浅。去废料时的深度要求前后两刀的深浅要一致，这样废料才去得干净也不会伤到花瓣。刻花瓣时的深度要求是接近花瓣的底部，不要太深，否则花瓣容易掉。另外，雕刻花卉时下刀的深度也影响着花苞的大小，下刀越深，花苞越小；反之，就越大。

（3）厚度：厚度是指花瓣的厚薄。花瓣的厚度要求是上部稍薄（特别是边缘），而根部稍厚，这样雕刻出的花瓣自然好看，经水浸泡后能向外翻卷，并且还挺得住形，不会太软。

6）废料去除干净

花卉雕刻时，废料要去除干净，无残留。在花卉雕刻的过程中，去废料是一个比较难的操作，常出现去不干净、有残留的现象。废料去得掉或者去得净的关键是雕刻时要控制好刀具的角度和深度，简单地讲，就是前面一刀和后面一刀要相交。由于在雕刻时进刀的深度有时是看不见的，深浅的控制完全是靠雕刻者的感觉，而这种感觉是需要靠长期的训练才能做到的。

4.简易尖瓣四角花的雕刻（图2.1）

这是一种用拉刻刀快速雕刻简易四角花的方法。花的结构和制作过程都比较简单。在雕刻练习时，要重点体会雕刻的刀法（拉刀法）和手法（笔式握刀手法）以及手、眼、原料、刀具的相互配合。

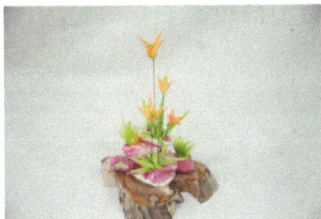

图 2.1

1）尖瓣四角花的雕刻过程

（1）主要原材料：胡萝卜（或心里美萝卜）。

（2）雕刻工具：雕刻主刀、六边形拉刻刀。

（3）主要雕刻刀法：直刀法。

（4）制作步骤：

①把胡萝卜（或心里美萝卜）用大切刀切成长方体，如图2.2所示。

②用六边形拉刻刀在长方形每个面刻出两条线条，如图2.3所示。

③用主刀在每条棱角线上削出四个面，如图2.4所示。

④用主刀由上往下，由薄到厚，采用直刀法削出花瓣，如图2.5所示。

⑤按照同样的方法将其余三瓣花瓣刻出来，并将整朵花取下来，如图2.6所示。

⑥用清水浸泡待用。

⑦将刻好的花组装在底座上即可，如图2.7所示。

图 2.2

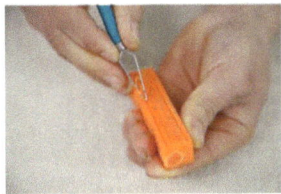

图 2.3

图 2.4

图 2.5

图 2.6

图 2.7

2）成品要求

（1）整体完整，形状自然美观，色彩鲜艳。

（2）花瓣上薄根部稍厚，4个花瓣底部要自然地连在一起。

（3）花瓣厚薄适中，平整光滑，边缘整齐无毛边，完整无缺。

3）操作要领

（1）六边形拉刻刀刀口必须锋利。

（2）大形长方形面上拉刻的线条不能太深、太大。

（3）主刀在取花瓣时要注意刀尖的位置和深浅，防止取不下来或花的整体完整性被破环。

5. 直瓣菊花的雕刻（图2.8）

图 2.8

1）菊花的相关知识介绍

菊花，别名又称寿客、金英、黄花、秋菊、陶菊、艺菊，是名贵的观赏花卉，品种多达三千余种。菊花是中国十大名花之一，在中国有三千多年的栽培历史。中国人极爱菊花，从宋朝起民间就有一年一度的菊花盛会。菊花被赋予了吉祥、长寿的含义，有清净、高洁、直情、令人怀恋、品格高尚的寓意。中国历代诗人画家，以菊花为题材吟诗作画众多，出现了大量的文学艺术作品，流传久远。菊花的色彩丰富，有红色、黄色、白色、墨色、紫色、绿色、橙粉色、棕色、雪青色、淡绿色等。花形各有不同，有扁形，有球形；有长絮，有短絮，有平絮，有卷絮；有空心，有实心；也有挺直的和下垂的，式样繁多，品种复杂。

菊花有一定的食用价值，早在战国时期就有人食用新鲜的菊花。但不是所有的菊花都能食用，食用菊又叫真菊。唐宋时期，我国更有服用芳香植物而使身体散发香气的记载。当今在一些发达国家吃花已十分盛行，在我国的北京、天津、南京、广州、香港等地，吃花也日渐成为时尚。在《神农本草经》中，把菊花列为药之上品，认为"久服利血气，轻身耐老。"菊花是我国常用中药，具有疏风、清热、明目、解毒、预防高血脂、抗菌、抗病毒、抗炎、抗衰老等多种功效。现代药理研究表明，菊花可以治疗头痛、眩晕、目赤、心胸烦热、疗疮、肿毒、冠心病、高血压、风热感冒、眼目昏花等症。

食品雕刻中，菊花雕刻的品种很多，主要是根据花瓣形状和雕刻所用原材料来给所雕刻的菊花命名。比如，大葱作为雕刻原料的菊花叫大葱菊；菊花花瓣像螃蟹脚的就叫蟹爪菊花。其中，最基本、最基础、最有代表性的就是直瓣菊花和白菜菊花的雕刻。

直瓣菊花是菊花雕刻中的基础，其他菊花雕刻大多数都是从它的雕刻方法上变化而来。其主要区别在于原料不同，花瓣的形状不同，但基本的雕刻步骤、方法、刀法和手法是一样的。

2)直瓣菊花的雕刻过程

(1)主要原材料：胡萝卜、青萝卜。

(2)雕刻工具：主刀、大号拉刻刀、六边形拉刻刀、瓜刨。

(3)制作步骤：

①雕刻花瓣：

a.用瓜刨将胡萝卜去皮，改用大号拉刻刀拉刻出一条凹槽，如图2.9和图2.10所示。

b.在凹槽的基础上逐步用大号拉刻刀由薄到厚拉出长2厘米的花瓣，作为菊花里面短瓣的花瓣。

c.按照上述步骤b同样的方法制作出菊花外围花瓣，大小由短到长逐渐变化，刻出35瓣左右，如图2.12所示。

②制作花心：另取一小块青萝卜修出圆柱状，用六边形拉刻刀在圆柱一端侧面拉刻出交叉纹理的花心，如图2.13和图2.14所示。

③组装花瓣：

a.由内到外组装花瓣，先用短的花瓣紧密包住花心，第二层花瓣稍微比第一层高，把握好层与层之间的距离。按照这种方法用长的花瓣往外包出整朵花，如图2.15至图2.17所示。

b.将雕刻好的直瓣菊花用清水浸泡，然后再用手整理大形待用，如图2.18和图2.19所示。

c.把整形好的直瓣菊花组装在提前雕好的底座上即完成，如图2.20所示。

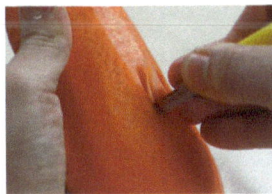
图 2.9

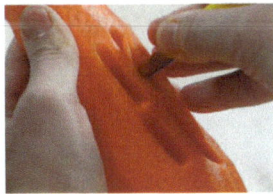
图 2.10

图 2.11

图 2.12

图 2.13

图 2.14

图 2.15

图 2.16

图 2.17

图 2.18

图 2.19

图 2.20

3）成品要求

（1）花形完整、自然、美观，不抽薹，整体效果好。

（2）花瓣呈直条状，粗细均匀、完整、无毛边。

（3）花芯大小适当，呈丝状包裹，中空而不实。

（4）废料去除干净，无残留。

（5）层与层之间花瓣长短变化过渡自然。

4）操作要领

（1）大号拉刻刀要选刀口锋利、槽口深点的。

（2）用大号拉刀拉刻花瓣时握刀要稳，用力要均匀。

（3）菊花花瓣根部要稍粗一点，可以在拉刻快到花瓣底部时把拉刻刀的后部往上抬一下。

（4）注意每层花瓣的角度变化，花芯的花瓣要短一点，花瓣间隔要密一点。

（5）菊花用清水浸泡后可以用手整理一下大形，使菊花整体效果更好。

6. 大丽花的雕刻（图 2.21）

图 2.21

整雕类花卉的雕刻是学习食品雕刻中必须要重点掌握的内容，也是学习、提高食品雕刻技艺的关键。特别是通过学习，可以熟练掌握食品雕刻中各种刀法和手法，可以为食品雕刻技艺的发展和提高打下坚实的基础。俗话说得好："雕得好花，不一定雕得好其他的。但是雕不好花，肯定雕不好其他的。"这话是有道理的。这也说明花卉的雕刻是学习食品雕刻的根本和基础。整雕类花卉在花卉雕刻中是比较复杂的，难度也是比较大的，特别是对于初学者而言更是如此。

在食品雕刻中花卉雕刻的种类非常多，形态各异，雕刻的方法和技巧也不尽相同。本节雕刻的学习内容主要是从以下几个方面考虑的：一是日常所见、比较熟悉的花卉。二是花形漂亮、美观，应用广泛，易于雕刻的花卉。三是在雕刻的刀法和手法上有典型性，制作方法有一定代表性的花卉。通过这些花卉的雕刻学习，往往能够达到举一反三、触类旁通的学习效果。

1)大丽花相关知识介绍

大丽花又叫大丽菊、天竺牡丹、苕牡丹、地瓜花、大理花、西番莲和洋菊等，目前世界上多数国家均有栽植，遍布世界各地，成为庭园中的"常客"。大丽花是墨西哥的国花，西雅图的市花，吉林省的省花，张家口市的市花。据统计，大丽花品种已超过3万种，是世界上花卉品种最多的花卉之一。大丽花花期长，春夏季陆续开花，越夏后再度开花，霜降时凋谢，花期持续半年。大丽花在我国南方5—11月开放。从花形看，大丽花有菊形、连形、芍药形、蟹爪形等。大丽花的花色、花形繁多，丰富多彩，有红、黄、橙、紫、白等色，绚丽多姿，惹人喜爱。大丽花象征大方、富丽、大吉大利。

在食品雕刻中，根据大丽花花瓣的形状主要分为尖瓣大丽花和圆瓣大丽花。花的整体呈半球形。雕刻刀法主要采用直刀法。

2)大丽花(尖瓣大丽花)的雕刻过程

(1)主要原材料：胡萝卜。

(2)雕刻工具：雕刻主刀。

(3)制作步骤：

①雕刻大形：先切出一块5厘米长的原料，削平两端，在侧面削出五个上大下小的弧面，如图2.22和图2.23所示。

②雕刻花瓣：

a.用主刀在削好的弧面上两边各削一刀，削出花瓣的形状尖形，如图2.24所示。

b.用主刀由上往下、由薄到厚削出花瓣，注意削到下面时略厚。依次按顺时针方向雕出第一层的五个花瓣，如图2.25和图2.26所示。

c.在第一层两个花瓣交叉的位置，从下往上削出一个平面，在平面的两侧各削一刀，削出第二层花瓣的形状，再按照上薄下厚的雕法削出花瓣，如图2.27和图2.28所示。

d.按照上面同样的方法雕出第二层和第三层花瓣。

e.雕完第三层花瓣之后，在每两个花瓣交叉的位置，从下面往上面削出一个平面，把里面花胚削成正五边柱形，如图2.29所示。

③雕刻花蕊：

a.在五个棱角上刻出五个花蕊，去掉中间多余的原料即可，如图2.30和图2.31所示。

b.作品制作完成，如图2.32所示。

c.将雕刻好的大丽花用清水浸泡，然后再用手整理大形待用，如图2.33所示。

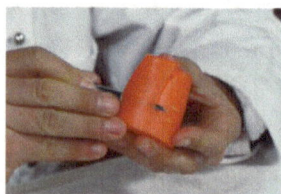

图 2. 22

图 2. 23

图 2. 24

图 2. 25

图 2. 26

图 2. 27

图 2. 28

图 2. 29

图 2. 30

图 2. 31

图 2. 32

图 2. 33

3)成品要求

(1)花形整体呈半球形,形状自然、美观。

(2)花瓣大小、长短变化,过渡自然。

(3)花芯大小适当,一般不要超过第一层的高度。

(4)花瓣厚薄均匀、完整,无残缺、无毛边。

(5)废料去除干净,无残留。

成品如图 2. 34 所示。

图 2. 34

4)操作要领

(1)要开好大形，一定要注意削成正五边柱形，削大形时要做到上大下小而且每两个面都要均匀，这样刻出来的花瓣才大小一致，花心才在正中间。

(2)在雕完花瓣时，一定要注意上薄下厚，这样雕刻出来的花瓣才能造型好看。

7. 月季花的雕刻(图 2.35)

图 2.35

1)月季花相关知识介绍

月季花别名月月红、四季花、胜春、月贵花、月记、月月开、长春花、月月花、四季春等。月季花被誉为"花中皇后"，是中国十大名花之一。其自然花期在 5—11 月，开花连续不断，长达半年。月季花的种类繁多，花色、花形各异。月季花象征和平友爱、四季平安等。月季花是用来表达人们关爱、友谊、欢庆与祝贺的最通用的花卉。其花香悠远，还可提取香料，根、叶、花均可入药，具有活血消肿、消炎解毒的功效。

月季花是食品雕刻中最重要的花卉雕刻，是花卉雕刻的基础。因此，能雕刻好月季花就能很容易雕刻好其他花卉。在食品雕刻中，月季花主要有两种雕刻方法，即三瓣月季花和五瓣月季花。其中，三瓣月季花的雕刻难度要大一些。月季花花瓣为圆形，但是花瓣在开放的时候其边上会自然翻卷，看上去就像桃尖形。所以，在食品雕刻中，月季花瓣的形状都雕刻成桃尖形，这样的处理方法使月季花更加生动、逼真。

2)五瓣月季花雕刻过程

(1)主要原料：心里美萝卜、胡萝卜、南瓜等。

(2)雕刻工具：平口雕刻刀。

(3)制作步骤：

①雕刻花坯：心里美萝卜对半切开，用刀修整一下，使其呈碗形，上下端各一个平面。原料越规整越便于雕刻。

②雕刻第一层花瓣：

a. 在原料一端的平面上确定一个中心点，并以这个点为中心画出一个正五边形，如图 2.36所示。

b. 以正五边形的一边作为第一层第一个花瓣的起刀处，采用刻刀法直刀斜刻，去废料后形成一个扇面形的平面，如图 2.37 所示。

c. 用平口刀把扇面形的面修成桃尖形的面，作为花瓣的形状，如图 2.38 所示。

d. 用平口刀从上往下运刀直刻，使花瓣从花坯上分离。要求花瓣上边薄根部稍厚，如图 2.39 所示。

e. 采用以上刀法和手法雕刻出余下 4 个花瓣，这样第一层就雕刻完成。雕刻好后，花瓣呈向外翻卷的形状，如图 2.40 所示。

③雕刻第二层花瓣：第二层花瓣采用旋刀法进行雕刻。第二层花瓣的位置和前一层花瓣的位置要错开，也就是在前一层的两个花瓣之间，并且相邻的两个花瓣有约1/2的部位重叠。

a. 确定第二层花瓣的位置，如图2.41所示。

b. 去废料：采用旋刀法把雕刻前一层花瓣时留下的两个花瓣之间的棱角修掉，使其呈一个带有一定弧度的平面，要求面平整光滑，如图2.42所示。

c. 刻出第二层花瓣的形状，然后采用旋刀法使花瓣从原料上分开，如图2.43所示。

d. 雕刻出第二层余下的花瓣，如图2.44所示。

④雕刻第三层花瓣：采用雕刻第二层的方法和刀法雕刻出第三层花瓣。注意去废料的角度，这层花瓣要立起来，和水平成85°左右，如图2.45所示。

⑤雕刻第四层花瓣及花芯(花苞)：一般情况下，第四层开始收花芯。重复前面花瓣的雕刻方法，往里面雕刻。越往里雕刀与原料的角度应越小，刀尖逐渐向外，刀柄向内。花瓣与花瓣之间重叠包裹，形成花苞，如图2.46至图2.51所示。

⑥整体修整、造型：雕刻完花芯，月季花就雕刻完成了。为了达到最佳的效果，必须把雕好的花放入清水中浸泡片刻，然后拿出来，用手指将花瓣稍往外翻，然后再放入水中浸泡一会儿，使其呈现出外层花瓣盛开而花芯含苞待放的效果，如图2.52和图2.53所示。

图 2.36

图 2.37

图 2.38

图 2.39

图 2.40

图 2.41

图 2.42

图 2.43

图 2.44

图 2.45

图 2.46

图 2.47

图 2.48

图 2.49

图 2.50

图 2.51

图 2.52

图 2.53

3）成品要求

（1）整体形态生动、逼真、美观大方，呈含苞待放状。

（2）花瓣层次分明、平整、光滑、厚薄均匀、完整无缺、无毛边。

（3）废料去除干净，无残留。

（4）花苞高度适当，大小适当。

4）操作要领

（1）重视雕刻的基本功训练，刀法要熟练，雕刻出的花瓣才能做到平整、光滑、厚薄适中。

（2）花瓣为半圆形，边缘要平整，无毛边，花瓣上部薄下部稍厚。

（3）控制好花苞的高度和大小，雕刻出的月季花外层花瓣应盛开，内层花瓣含苞待放。

（4）去废料时，要注意刀尖的深度和角度，否则废料可能去不掉，或者去不净。

（5）五瓣月季花第一、第二层雕刻 5 个花瓣，但是从第三层开始花瓣可以减一个，也可以不分层、不分瓣。花瓣之间互相包围，相互围绕。

（6）月季花雕刻完成后，为了达到最佳的效果，应泡水，并用手整理。

8. 茶花的雕刻（图 2.54）

图 2.54

1）茶花的相关知识介绍

茶花，又名山茶花、耐冬花、曼陀罗等。茶花原产于我国西南，现世界各地普遍种植茶花，为中国传统名花，也是世界名花之一。茶花是昆明、重庆、宁波、温州、金华等市的市花，是云南省大理白族自治州州花。茶花因其植株形姿优美，叶浓绿而有光泽，花形艳丽缤纷，而受到世界各国人民的喜爱。茶花具有"唯有山茶殊耐久，独能深月占春风"的傲然风骨，被赋予了可爱、谦逊、谨慎、美德、高尚等意义。茶花的花期较长，一般从 10 月开花，翌年 4 月终花，盛花期在 1—3 月。茶花制成的养生花茶有治疗咯血、咳嗽等疗效。

茶花是食品雕刻中最常见的花卉品种之一，是重点学习掌握的一个内容。茶花的雕刻和五瓣月季花的雕刻类似，但也有区别，主要的区别在于雕刻刀法和花瓣的形状以及花瓣位置排列等。五瓣月季花主要是用旋刀法雕刻，花瓣桃尖形，花瓣之间有重叠，也就是常说的"一瓣压一瓣"；茶花花瓣形状为圆形，同层花之间一般不重叠，只是在雕刻花苞的时候采用旋刀法，花瓣间有少许重叠；另外，从花瓣大小比较，在相同的情况下，月季花花瓣比茶花花瓣要大一些。因此，在练习茶花雕刻的时候一定要把茶花的特征表现出来，否则两者之间区别不明显。

2）茶花雕刻过程

（1）主要原材料：心里美萝卜。

（2）主要雕刻工具：雕刻主刀。

（3）制作步骤：

①雕刻大形：先切出一块 4 厘米长的原料，削平两端，在侧面削出 5 个上大下小的面，如图 2.55 所示。

②雕刻花瓣：

A. 雕刻第一层花瓣：

a. 用主刀把扇面形的面修成圆形的面，作为花瓣的形状，如图 2.56 所示。

b. 用主刀从上往下运刀直刻，要求花瓣上薄下厚，如图 2.57 所示。

c. 采用以上刀法和手法雕刻出余下的 4 个花瓣，雕刻好后花瓣呈向外翻卷的形状，如图 2.58 所示。

B. 雕刻第二层花瓣：

a. 去废料，用主刀把第一层两个花瓣之间的 5 个棱角修掉形成五个面。

b. 在一层的两个花瓣之间的面上修整出圆形的花瓣。

c. 用主刀雕刻出第二层 5 个圆形的花瓣，如图 2.60 所示。

d. 按照前面两层花瓣的雕刻方法继续雕刻出第三、第四层花瓣。

③雕刻花苞：

a. 山茶花在食品雕刻中一般不用雕刻花蕊，而是采用月季花花芯的雕刻方法和技巧雕刻出茶花的花芯部分，并把茶花花芯雕刻成花苞，如图 2.61 至图 2.64 所示。

b. 将雕刻好的山茶花用清水浸泡，然后再用手整理大形待用，如图 2.65 所示。

c. 把整形好的山茶花组装在提前雕好的底座上即完成，如图 2.66 所示。

图 2.55

图 2.56

图 2.57

图 2.58

图 2.59

图 2.60

图 2.61

图 2.62

图 2.63

图 2.64

图 2.65

图 2.66

3）成品要求

（1）整体效果好，花形完整、自然、美观。

（2）花瓣层次分明、平整、光滑、厚薄均匀、完整无缺、无毛边。

（3）废料去除干净，无残留。

（4）花芯高度、大小适当，呈含苞待放的样子。

4）操作要领

（1）要开好大形，要注意削成正五边柱形，削大形时要做到上大下小而且每两个面都要均匀，这样刻出来的花瓣才大小一致，花芯才在正中间。

（2）在雕完花瓣时，一定要注意上薄下厚，这样雕刻出来的花瓣才能造型好看。

9. 荷花的雕刻（图 2.67）

图 2.67

1）荷花相关知识介绍

荷花又名莲花、水芙蓉等，属多年生水生草本花卉，地下茎长而肥厚，有长节，叶盾圆形。荷花种类很多，分观赏和食用两大类。其出泥不染之品格一直为世人称颂，是中国的传统名花。荷花是我国澳门特别行政区的区花，也是印度、泰国等国的国花。

荷花花瓣颜色有白色、粉色、深红色、淡色、黄色或间色等变化；雄蕊多数；雌蕊离生，埋藏于倒圆锥状海绵质花托内，花托表面有蜂窝状孔洞，后逐渐膨大（称为莲蓬），每一孔内生一小坚果（莲子）。荷花每日晨开暮闭，花期在 6—9 月，果熟期在 9—10 月。

荷花一身都是宝，荷叶能清暑解热，莲梗能通气宽胸，莲瓣能治暑热烦渴，莲子能健脾止泻，莲心能清火安神，莲蓬能消瘀止血，藕节还有解酒毒的功用，自叶到茎，自花到果实，无一不可入药。

荷花是花中品德高尚的花，代表坚贞、纯洁、无邪、清正的品质，具有迎骄阳而不惧，出淤泥而不染的气质，在低调中显现出了高雅。荷花花叶清秀，花香四溢，沁人心脾，在人们心目中是真善美的化身，吉祥丰兴的预兆，是佛教中神圣净洁的名物，也是友谊的种子。此外，在中国传统文化中，经常以荷花作为和平、和谐、合作、合力、团结、联合、圆满等代表。

在食品雕刻中，荷花的雕刻难度是比较大的，其雕刻过程中使用了食品雕刻的多种刀法，对雕刻者的基本功要求比较高。特别是要把荷花花瓣的凹形效果表现出来，是雕刻好荷花的关键技巧。

2）荷花的雕刻过程

（1）主要原材料：白萝卜、胡萝卜、青萝卜。

（2）雕刻工具：主刀、六边形拉刻刀、中号戳刀、小号戳刀。

（3）制作步骤：

①雕刻大形：先切出一块 5 厘米长的白萝卜，削平两端，在侧面削出 5 个上大下小的面，如图 2.68 所示。

②雕刻花瓣：

A.雕刻第一层花瓣：

a.用主刀顺着棱形的弧度修出荷花花瓣的形状（桃心形），如图2.69所示。

b.用主刀由上往下、由薄到厚削出花瓣，注意削到下面时略厚。依次按顺时针方向雕出第一层的五个花瓣，如图2.70所示。

c.按照上述方法雕刻出余下四个花瓣。

B.雕刻第二层花瓣：

a.在第一层两个花瓣交叉的位置，从下往上削出一个平面，在平面的两侧各削一刀，削出第二层花瓣的形状，再按照上薄下厚的雕法削出花瓣，如图2.71和图2.72所示。

b.按照上述同样的方法雕出第二层和第三层花瓣，如图2.73所示。

③雕刻荷花的莲蓬：

a.将三层花瓣后的花胚去掉并修平整。

b.取胡萝卜削成圆柱形，用六边形拉刻刀在圆柱上拉刻出一圈丝状的花蕊，如图2.76至图2.78所示。

c.用中号U形戳刀将丝状花蕊后面的凹状拉刻痕去掉，使圆柱上粗下细，如图2.79所示。

d.用主刀把圆柱切掉一半的高度，将切面修整成中间高边上稍矮的形状，再用六边形拉刻刀在边沿上刻一圈装饰线，用小号U形戳刀戳出装莲子的孔，最后用青萝卜做莲子装入孔中，如图2.80至图2.84所示。

④组装：

a.用502胶水将莲蓬粘接到已刻好的荷花花瓣中间。

b.将雕刻好的荷花用清水浸泡，然后再用手整理大形待用。

c.把整形好的荷花组装在提前雕好的底座上即完成，如图2.85所示。

图2.68

图2.69

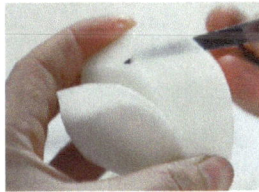

图2.70

图2.71

图2.72

图2.73

图 2.74

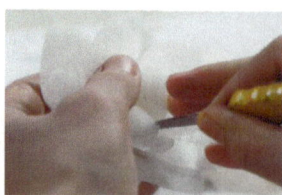

图 2.75

图 2.76

图 2.77

图 2.78

图 2.79

图 2.80

图 2.81

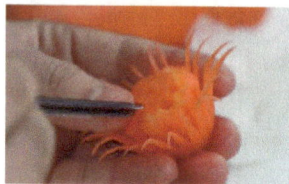

图 2.82

图 2.83

图 2.84

图 2.85

3)成品要求

(1)荷花整体完整无缺，无掉瓣，形态逼真、美观。

(2)花瓣厚薄适中、平整光滑、无毛边，花瓣中间呈凹下去的勺状。

(3)丝状花蕊粗细均匀、完整。

(4)莲蓬上大下小，中间高边缘低，莲子排列整齐对称。

4)操作要领

(1)雕刻花坯时，五个面的中间粗、两头细，这样雕刻出的花瓣经水浸泡后花瓣中间才会凹下去，变成勺状花瓣。

(2)荷花花瓣是比较长的桃尖形，雕刻时最好使用主刀的刀尖刻画，这样的花边缘非常平整。

(3)戳丝状花蕊的六边形拉刻刀要锋利，丝状花蕊一定要偏细一点才好看。

(4)戳莲孔时先定中间的位置，然后再确定周围的，这样可使莲子排列整齐、好看。

(5)雕刻好的荷花一定要用清水浸泡，然后整理花形。

(6)荷花可以只雕刻两层花瓣就开始雕莲蓬，可使雕刻难度变小。

10. 牡丹花的雕刻（图 2.86）

图 2.86

1）牡丹花相关知识介绍

牡丹花又名木芍药、花王、富贵花等，原产于中国西部秦岭和大巴山一带山区，是我国特有的木本名贵花卉，有数千年的自然生长和两千多年的人工栽培历史。有关牡丹花的文化和艺术作品非常丰富。牡丹花以其花大、形美、色艳、香浓，为历代人们所称颂，素有"国色天香""花中之王"的美称，长期以来被人们当作富贵吉祥、繁荣兴旺的象征，被尊为我国国花。牡丹花具有很高的观赏和药用价值。将牡丹的根加工制成"丹皮"，是名贵的中草药，有散瘀、清血、和血、止痛、通经的作用。另外，牡丹花还有降低血压、抗菌消炎之功效，久服可益身延寿。

牡丹花以洛阳牡丹、菏泽牡丹最负盛名。花朵颜色众多，有红色、白色、粉色、黄色、紫色、蓝色、绿色、黑色及复色等。在现代科技进步的推动下，牡丹花已实现四季开花，盛花期不断延长。

在食品雕刻中，牡丹花是一个重点学习的内容，在很多的雕刻作品中都有应用。牡丹花雕刻的原料和方法比较多，但是其雕刻的手法和技巧都是在月季花、茶花、大丽花、荷花等花卉雕刻的基础上变化而来的。其主要的区别就是花瓣的形状，牡丹花花瓣的形状似元宝或祥云，边缘有波浪形的齿状花纹。在食品雕刻中，牡丹花花蕊部分一般不雕刻，而是用花瓣包裹形成含苞待放的花苞。牡丹花的雕刻方法比较多，但是都大同小异。因此，在学习过程中应注意前后雕刻知识的连贯运用。

2）牡丹花雕刻过程

这是一种在五瓣月季花雕刻的基础上变化而来的牡丹花雕刻方法，主要的刀法和手法与月季花雕刻相似，最大的区别就是花瓣的形状：月季花的花瓣是桃尖形，牡丹花的花瓣是波浪形齿状。

（1）主要原材料：心里美萝卜（或胡萝卜、南瓜等）。

（2）雕刻工具：雕刻主刀。

（3）雕刻步骤：

①雕刻花坯：将心里美萝卜对半切开，用刀修整一下，使其呈一个碗形，上下端各一个平面，与月季花的做法一样，如图 2.87 所示。

②雕刻第一层花瓣：

a. 在原料一端的平面上确定一个中心点，并以这个点为中心画出一个正五边形。

b. 以正五边形的一边作为第一层第一个花瓣的起刀处，采用直刀斜刻，去废料后形成一个扇形的平面。

c. 用笔在扇面形面边缘画出波浪形的齿状面，作为牡丹花花瓣的形状，并用主刀刻出花瓣形状，如图 2.88 所示。

d. 用平口刀从上往下运刀直刻，使花瓣从原料上分离。要求花瓣上边薄根部稍厚，如图 2.89 所示。

e. 采用前面的方法和刀法雕刻出其余 4 个花瓣。这样第一层就雕刻完成了。雕刻好后花瓣呈向外翻卷的形状，如图 2.90 和图 2.91 所示。

③雕刻第二层花瓣：

a. 去废料，用主刀在第一层两个花瓣间夹角后面由下往上削出一个平面。按照这种方法削出第二层五个平面，如图 2.92 所示。

b. 用主刀刻出第二层五瓣波浪纹花瓣形状，如图 2.93 和图 2.94 所示。

c. 用主刀采用直刀法由上往下，由薄到厚刻出第三层花瓣，如图 2.95 所示。

④雕刻第三层花瓣：采用雕刻第二层的方法和刀法雕刻出第三层花瓣，注意去废料的角度变化，如图 2.96 和图 2.97 所示。

⑤雕刻花芯（花苞）：第四层开始收花芯。重复前面花瓣的雕刻方法往里边雕刻。花瓣与花瓣之间重叠包裹形成花苞，如图 2.98 和图 2.99 所示。

⑥整体修整、造型：雕刻完花芯，牡丹花就雕刻完成了。为了达到最好的效果，将花放入清水中浸泡片刻，然后拿出来，用手指将花瓣稍往外翻，然后再放入水中浸泡一会儿，使其整体呈现出外层花瓣盛开而花芯含苞待放的效果，如图 2.100 和图 2.101 所示。

图 2.87

图 2.88

图 2.89

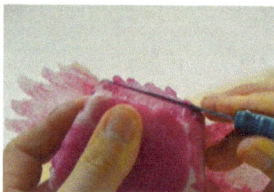

图 2.90

图 2.91

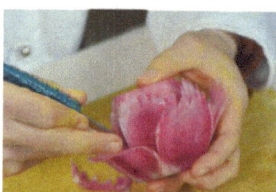

图 2.92

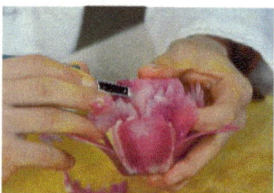

图 2.93

图 2.94

图 2.95

图 2.96

图 2.97

图 2.98

图 2.99

图 2.100

图 2.101

3）成品要求

（1）整体形态生动、逼真、美观大方，呈含苞待放的样子。

（2）花瓣形状美观、层次分明、平整光滑、厚薄均匀、完整无缺。

（3）废料去除干净，无残留。

（4）花芯高度适当，大小适当。

4）操作要领

（1）重视雕刻基本功的训练，刀法要熟练，这样才能雕刻出平整、光滑、厚薄适中的花瓣。

（2）花瓣为波浪形的齿状，边缘要薄，形状自然，下部稍厚。

（3）控制好花芯的高度和大小。牡丹花的花芯要雕刻得偏大一点才好看，呈含苞待放状。

（4）去废料时要注意刀尖的深度和角度，否则废料可能去不掉，或者去不净。

（5）牡丹花一般不用雕刻花蕊，如要雕刻，就需要用其他原料单独雕刻好后安在花芯的位置上。

（6）牡丹花雕刻完成后，为了达到最佳的效果，应泡水，并用手整理。

11．花篮的雕刻（图 2.102）

图 2.102

1)花篮的相关知识介绍

花篮是指装花所用的篮子，或以篮为容器制作成的插花。它是社交、礼仪场合最常用的花卉装饰形式之一，用于开业、致庆、迎宾、会议、生日、婚礼等场合，尺寸有大有小，造型有单面观及四面观的，有规则式的扇面形、辐射形、椭圆形及不规则的L形、新月形等。

食品雕刻中瓜篮属于纯观赏性的食品工艺品，其作用是盛装食品或鲜花等，一般由提篮、篮身和底座三部分组成，可分为设计、布局、雕刻、整理、点缀装饰等方面。

2)花篮的雕刻过程

(1)雕刻原料：南瓜。

(2)使用工具：雕刻主刀、六边形拉刻刀、大号QQ刀。

(3)雕刻步骤：

①修出花篮胚：将南瓜洗净，去皮，用拉刀定出花篮的比例，再用主刀修成中间大两头小的整体大形布局，如图2.103和图2.104所示。

②细化：横掌握刀修出花篮的提篮、花篮篮身以及底座。将花篮表面修出，为下一步花篮外围细化打下基础，如图2.105至图2.107所示。

③用雕刀从花篮顶部下刀，先从上到下刻出花篮的提篮，用大号QQ刀刻出纹理；再用六边形拉刻刀刻出提篮的篮身纹理，如图2.108至图2.112所示。

④修花篮篮口及篮底：用大号QQ刀刻出纹理，把中间里面的南瓜籽剜出，如图2.113和图2.114所示。

⑤在花篮里装上一些花果即可，如图2.115至图2.117所示。

图2.103

图2.104

图2.105

图2.106

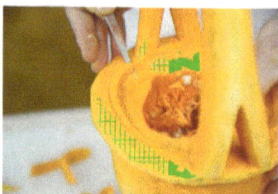

图2.107

图2.108

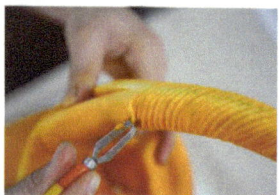

图2.109

图2.110

图2.111

图 2.112

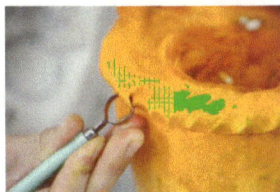

图 2.113

图 2.114

图 2.115

图 2.116

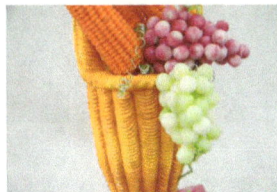

图 2.117

3）成品要求

（1）图案设计美观，简洁明快，寓意美好，象征荣华富贵。

（2）提篮和篮身的比例为 1.2：1，底座宽度宽于篮身，整体感觉重心稳当而协调。

（3）篮身雕刻技法多种并用，刀法娴熟，设计巧妙。

4）操作要领

（1）所用刀具必须锋利，否则有毛边，不够光滑。

（2）瓜身去瓜瓤时要保留 0.5 厘米厚的瓜瓤。

（3）底座的瓜瓤要留下，贴瓜瓤用手刀进刀，保证露出的瓜瓤平滑。

（4）花篮的瓜瓤要留下插花用，可省去花泥。

课后习题

一、单选题

1. 花卉的基本结构，主要由（　　）、花萼、花托、花柄等组成。

A. 花蕊　　　　　　　B. 花瓣　　　　　　　C. 花卉　　　　　　　D. 花柄

2. 花卉雕刻过程中要掌握好（　　）、深度和厚度。

A. 技术　　　　　　　B. 角度　　　　　　　C. 宽度　　　　　　　D. 长度

3. 月季花是食品雕刻中最重要的花卉雕刻，是花卉雕刻的（　　）。

A. 基础　　　　　　　B. 基本　　　　　　　C. 重点　　　　　　　D. 起源

4. 荷花可以只雕刻两层（　　）就开始雕莲蓬，可使雕刻难度变小。

A. 花瓣　　　　　　　B. 花蕊　　　　　　　C. 花卉　　　　　　　D. 花柄

二、简答题

1. 花卉雕刻要注意哪几个方面？

2. 橙黄色月季花花语象征和代表的意义是什么？

3. 影响菊花花瓣粗细、平整的因素有哪些？应如何处理？

项目三
禽鸟类食品雕刻

任务　禽鸟类雕刻工艺

1. 禽鸟类雕刻的基础知识

鸟类是自然界常见的生物，是人类的朋友。目前，全世界已知的鸟类有9000多种，中国有记载的达1300多种，其中有些是中国特有鸟种。鸟是两足、恒温、卵生的脊椎动物，身披羽毛，前肢演化成翅膀，有坚硬的喙。鸟的体形大小不一，既有很小的蜂鸟，也有巨大的鸵鸟。产于古巴的蜂鸟的体长只有5厘米左右，其中喙和尾部约占一半，是世界上体形最小的鸟类。世界上体形最大的鸟类是生活在非洲和阿拉伯地区的非洲鸵鸟。

禽鸟雕刻在食品雕刻中占据着举足轻重的地位，是食品雕刻中最常用和最爱用的一类雕刻题材，也是学习食品雕刻的必修内容。鸟类生性活泼，在食品雕刻中常以温、柔、雅、舒、闲、聪、伶等仪态出现，自古以来就深受人们的喜爱。由于鸟类大多数都有绚丽多彩的羽饰，婉转动听的歌喉，生动飞翔的姿态，而且寓意吉祥，体态多姿，线条优美，极富动感，因此在烹饪装饰艺术中用途广泛。

禽鸟类雕刻与花卉类雕刻比较而言，其结构更加复杂，造型变化更多，雕刻难度更大。但是，雕刻的刀法和手法有些是一样的。

禽鸟的种类多，外部形态也不完全相同，不同禽鸟的辨别主要是根据外形的差异变化来识别的，其最大的差别是在头、颈、尾这几个部位；而其他部位的差异就很小，几乎是一样的，如翅膀、身体、羽毛结构等。正因为禽鸟类雕刻有这些特点和规律，所以在学习时一定要把鸟类的外形特征、基本结构搞懂，把基本形态的鸟类雕刻好，才能做到举一反三，甚至自行设计鸟类进行雕刻。

食品雕刻中的禽鸟绝大多数是自然界真实存在的。食品雕刻是一个艺术创造的过程，不是对原物体的简单复制。正因如此，我们在雕刻的过程中也应该运用一些艺术加工的手法，如夸张、省略、概括等。要学会抓大形、抓特征、抓比例，要懂得删繁就简。禽鸟重要的特征和特点，一定要抓住保留，并且还可以适当地夸张。但是，对于一些不重要的或是太复杂的地方就可以省略或简单化处理。

在学习雕刻禽鸟的时候还要遵循先简后难的规律，从简单的、小型的鸟类开始。在鸟类姿态造型、神态刻画上也应从基本的、常规的开始，只有这样，才能逐步提高雕刻的水平。

2. 禽鸟的基本结构

总的来讲，鸟的身体是左右对称的，形体呈纺锤形（或蛋形），长有一对翅膀，有一个坚硬有力的喙，喙内无牙有舌；体表有羽毛；有一对脚爪，脚上长有鳞片，一般有4根脚趾，趾端有爪。在食品雕刻中，一般把鸟类的外部形态分为嘴、头、颈、躯干、翅膀，尾部、腿爪 7 个部分。

3. 禽鸟类雕刻的特性

1)鸟嘴的结构

鸟嘴位于头部的前额和下颌之间，分为上嘴和下嘴。上嘴一般要比下嘴长而大一些。嘴的形状有窄尖、长尖、扁圆、短阔、短细、勾状、锥形、楔形等多种。但是，在食品雕刻中，一般把鸟嘴分为尖形嘴、长形嘴、扁形嘴和钩形嘴。

(1)尖形嘴：鸟类多数为尖形嘴，如喜鹊、锦鸡、孔雀、凤凰、燕子、麻雀等。

(2)长形嘴：主要有仙鹤、白鹭、戴胜、朝明、鸬、鹳、翠鸟、蜂鸟等。

(3)扁形嘴：主要有天鹅、鸳鸯、鸭子、大雁等。

(4)钩形嘴：主要是一些比较凶猛的鸟类，如老鹰、金雕、鹦鹉、猫头鹰、隼、鸱、鸷等。

2)鸟头、颈的结构

鸟的头部一般为圆形或椭圆形。头部除了嘴以外主要有眼睛、耳等器官。

鸟类头、嘴部的雕刻是禽鸟类雕刻的重点，它是识别不同种类禽鸟的标志，是禽鸟的最大特征。禽鸟类作品最后的精、气、神好不好，艺术表现力强不强，在很大程度上就是由头和嘴的雕刻效果决定的。因此，在观察、学习禽鸟类雕刻时，要注意对不同禽鸟的头、嘴特征加以区别，要把它的特征、特点表现出来，只有这样，才能使作品形象生动、逼真，表情达意清楚明白。本项目雕刻实例中的鸟头、颈雕刻是一种基本型的雕刻方法，是鸟类头、颈雕刻的重要基础，而其他鸟类的头、颈雕刻是在基本型鸟头、颈雕刻的基础上进行变化，其雕刻的方法、技巧，使用的刀法、手法都大同小异。

3)鸟类躯干的基本结构

鸟类的躯干呈蛋形或是椭圆形，前面连着颈，后面连着尾巴，是鸟类身体最大的一部分。上体部分分为肩、背、腰；下体部分分为胸、腹；躯干两侧叫作肋。鸟类的尾巴实际上是由羽毛构成的，不是肉质的尾巴。躯干上的羽毛相对来讲比较小。

4)鸟类的翅膀的形状和结构

鸟类的翅膀是由一对前肢进化而来的，它位于躯干上方肩部两侧，两翅膀之间由肩羽连接覆盖。一对翅膀是鸟类特有的飞行器官和形态特征。鸟的种类很多，其翅膀的大小、宽窄、长短是有区别的，主要有尖翅膀、圆翅膀、方翅膀等。但是各种鸟类翅膀的组成结构、形态特征、姿态变化是基本相似的。

鸟类翅膀的羽毛主要有覆羽和飞羽两种。覆羽就是将翅膀的皮肉和骨骼覆盖的那部分羽毛；飞羽就是长在翅膀的顶端和一侧，并能像扇子一样展开和收拢的那部分羽毛，其功能主要是用于飞翔，因此称作飞羽。其中，覆羽又分为初级覆羽、大覆羽、中覆羽、小覆羽；飞羽又分为初级飞羽、次级飞羽、三级飞羽。

5)鸟类尾部的结构和特点

鸟类尾巴的作用是飞行时控制速度和方向，展开时就像一把折扇，合拢时羽毛可以相互重叠，但是最中间的一对羽毛始终在最上面。尾羽由成对的羽毛组成，羽毛一般有10～20 片，最多可达到 32 片，而最少的只有 4 片羽毛。尾羽由主尾羽和副尾羽组成，整体排列是以主尾羽为中心，副尾羽分别排列在两旁。鸟尾的形状因鸟的种类而异，有的尾羽毛长度大致相等，有的尾羽两侧较中间的尾羽渐次缩短，有的尾羽中间较两侧渐次缩短。

在食品雕刻中，鸟尾的形状是区分各种鸟类的重要标志之一。按照食品雕刻的习惯分法鸟尾大体上可以分为六大类，即平尾（鹭、鹤、海鸥等）、圆尾（鸽子、老鹰等）、凸尾（杜鹃、鸭子、天鹅等）、凹尾（红嘴相思鸟、绣眼鸟等）、燕尾（燕子、燕鸥等）、长尾（绶带鸟、锦鸡、喜鹊等）。

6）鸟类腿爪部的结构和特点

鸟类腿爪部就是鸟类的后肢，长在鸟类的腹部，从上往下依次为股（大腿）、胫（小腿）、跗跖和趾。股部多隐藏在鸟的身体内两侧而不外露；胫部大多数有羽毛覆盖；跗跖和趾是鸟腿爪最显露的部分。

在食品雕刻中，出于雕刻习惯，也为了便于理解，一般把鸟类的胫部叫作鸟类的大腿，趾是鸟腿爪最显露的部分，鸟类的跗跖叫作小腿，这和鸟类实际的叫法是有区别的。在这点上，学习雕刻鸟类时一定要注意加以区分。

鸟类的大腿近似三角形，上有羽毛覆盖；小腿形直较细，由皮、筋、骨组成，无肌肉，表面有鳞状花纹。大多数鸟类的脚爪有 4 趾，但是一些比较老的雄鸟的后趾上方小腿上长有角质的距。鸟类的脚趾大多数都是"前 3（内趾、中趾、外趾）后 1（后趾）"。

4. 麻雀的雕刻（图 3.1）

图 3.1

1）麻雀的相关知识介绍

麻雀是雀科雀属的鸟类，俗名霍雀、瓦雀、琉雀、家雀、老家贼、只只、嘉宾、照夜、麻谷、南麻雀、禾雀、宾雀，亦叫北国鸟（个别地方方言又称呼为家雀、户巴拉），是中国最常见、分布最广的鸟类，亚种分化极多，分布于中国全境，也分布于欧亚大陆。

一般麻雀体长为 14 厘米左右，体型略小。在食品雕刻中，麻雀的雕刻是作为禽鸟的基础，地位很重要。可以说，很多其他种类的禽鸟雕刻都是在麻雀雕刻的基础上进行变化和创造的。

2）麻雀雕刻过程

（1）主要原材料：胡萝卜、南瓜。

（2）雕刻工具：雕刻主刀、小号拉刻刀、中号拉刻刀、六边形拉刻刀、小号 U 形戳刀。

（3）制作步骤：

①确定麻雀的姿态和身体大形，如图 3.2 和图 3.3 所示。

a. 取一根胡萝卜，把一端切成楔形（斧棱形），并在原料上画出麻雀的大形。

b. 从鸟嘴开始下刀，雕刻出麻雀的头颈外形轮廓。

②雕刻鸟的头、嘴部、颈部，如图 3.4 至图 3.8 所示。

a. 把鸟头修整圆滑，确定鸟眼睛的位置和头部的结构线。

b. 雕刻出三角形的鸟嘴，再把三角形分成大、小两个三角形，并用主刀把鸟嘴裂线刻出来。

c. 戳出鸟嘴的嘴角线。

d. 用 U 形戳刀雕刻出鸟的眼睛以及鸟头部的凹凸点。

e. 用 U 形戳刀雕刻出头部眼睛的黑眼仁，并用主刀刻出麻雀的鼻孔。

f. 用六边形拉刻刀雕刻出鸟头部各部位绒毛和鸟的脖颈形状以及羽毛。

③雕刻鸟的躯干：根据鸟头部的大小画出鸟的躯干大形，并雕刻出来。

④雕刻鸟的尾部：按照前面雕刻鸟尾部的方法雕刻出麻雀的凹形尾，如图 3.9 所示。

⑤雕刻鸟的翅膀，如图 3.10 和图 3.11 所示。

a. 用 U 形戳刀在鸟的躯干上戳出翅膀的大形。

b. 用六边形拉刻刀和主刀雕刻出鸟翅膀上的覆羽。

c. 用主刀或 U 形戳刀雕刻出鸟翅膀的飞羽。

⑥雕刻鸟的腿爪部：按照前面雕刻鸟腿爪部的方法雕刻出麻雀的腿爪部，如图 3.12 至图 3.14 所示。

a. 用六边形拉刻刀和主刀雕刻出鸟的尾下腹羽和鸟大腿上的腹羽。

b. 用胡萝卜雕刻出麻雀的一对脚爪。

⑦整体修整成型，如图 3.15 和图 3.16 所示。

图 3.2

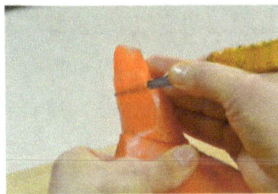

图 3.3

图 3.4

图 3.5

图 3.6

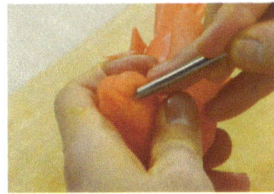

图 3.7

图 3.8

图 3.9

图 3.10

图 3.11

图 3.12

图 3.13

图 3.14

图 3.15

图 3.16

3）成品要求

（1）麻雀形体较小，嘴短小，头圆，颈部较短，尾部为凹形尾，长度与身体长度相当。

（2）鸟各个部位比例恰当，雕刻刀法熟练、准确，作品刀痕少。

（3）废料去除干净，无残留。

4）操作要领

（1）对麻雀的形态特征以及翅膀、尾巴的羽毛等结构要熟悉。

（2）雕刻前应先在纸上画一下麻雀，其头和身体可以看成两个精圆形。

（3）雕刻鸟的大形时可以借鉴国画画鸟的方法，即"鸟不离球、蛋、扇"（就是说鸟头为圆形，躯干为蛋形，尾巴为扇形）。

（4）鸟的尾巴可以单独雕刻好，然后再粘上去，这样麻雀尾巴就可以上下左右移动。

5. 喜鹊的雕刻（图 3.17）

图 3.17

1）喜鹊的相关知识介绍

喜鹊又名鹊，分布范围很广，几乎遍布世界各地。在中国，除草原和荒漠地区外，喜鹊见于全国各地。喜鹊是很有人缘的鸟类之一，多生活在人类聚居地区，喜欢把巢筑在民宅旁的大树上，在居民点附近活动。喜鹊体形较大，头、颈、背至尾均为黑色，并自前往后分别呈现紫色、绿蓝色、绿色等光泽；双翅黑色而在翼肩有一大块白斑；嘴、脚是黑色；腹面以胸为界，前黑后白；尾羽较长，其长度超过身体的长度。

喜鹊自古以来深受人们喜爱，在中国民间将喜鹊作为吉祥、好运与福气的象征。喜鹊叫声婉转，据说喜鹊能够预报天气的晴雨，古书《禽经》中有这样的记载："仰鸣则阴，俯鸣则雨，人闻其声则喜。"鹊桥相会、鹊登高枝、喜上眉（梅）梢等是中国传统艺术中常见的题材，它还经常出现在中国传统诗歌、对联中。在中国，画鹊兆喜的风俗在民间都颇为流行。此外，传说每年的七夕，人间所有的喜鹊会飞上天河，搭起一条鹊桥，引分离的牛郎和织女相会，此鹊桥在中华文化中常常成为男女情缘的象征。喜鹊，作为离人最近的鸟，已经深入了我们的生活和文化中。

在食品雕刻中，喜鹊的雕刻方法与麻雀的雕刻方法大同小异，主要区别在于喜鹊体形要大一些，头偏小，嘴、颈稍长，尾巴的形状属于长尾型。至于两者间毛色的区别，一般在食品雕刻中是不能体现出来的。因此，在学习雕刻喜鹊时一定要借鉴麻雀的雕刻方法、技巧，这样才能比较容易地掌握喜鹊的雕刻技术。

2)喜鹊雕刻过程

(1)主要原材料：胡萝卜、南瓜。

(2)雕刻工具：雕刻主刀、小号拉刻刀、中号拉刻刀、六边形拉刻刀。

(3)制作过程：

①确定喜鹊的姿态和整体大形：

a. 取一块胡萝卜，把一端切成楔形（斧棱形），并在原料上画出喜鹊的大形。

b. 从鸟嘴开始下刀，雕刻出头、颈部的整体大形（外形轮廓）。

②雕刻出喜鹊的嘴部，借鉴麻雀嘴部的雕刻方法，只是喜鹊的嘴要长一点，如图 3.18 和图 3.19 所示。

a. 刻出三角形的鸟嘴，使鸟嘴张开。

b. 戳出鸟嘴的嘴角线。

③雕刻喜鹊的头部、颈部，如图 3.20 至图 3.23 所示。

a. 把鸟头修整圆滑，确定鸟眼睛的位置和头部的结构线。

b. 雕刻出喜鹊后脑部的小绒毛。

c. 用六边形拉刻刀雕刻出喜鹊的眼线。

d. 用 U 形戳刀雕刻出鸟眼睛和眼里的黑眼仁。

e. 用六边形拉刻刀雕刻出鸟头部各部位的绒毛和鸟的脖颈形状以及羽毛。

④雕刻喜鹊的躯干：根据鸟头部的大小画出喜鹊的躯干大形，并雕刻出来。

⑤雕刻喜鹊的翅膀，如图 3.24 所示。

⑥雕刻喜鹊的尾部：按照前面雕刻鸟尾部的方法雕刻出喜鹊的长形尾，如图 3.25 至图 3.27 所示。

⑦雕刻喜鹊的腿爪部：按照前面雕刻鸟腿爪部的方法雕刻出喜鹊的腿爪，如图 3.28 所示。

⑧整体修整成型：把雕刻好的喜鹊各部位有机地安装组合在一起，如图 3.29 所示。

图 3.18

图 3.19

图 3.20

图 3.21

图 3.22

图 3.23

图 3.24

图 3.25

图 3.26

图 3.27

图 3.28

图 3.29

3）成品要求

（1）喜鹊嘴短、尖，头圆，颈部较短，尾部为长形尾，尾巴的长度是身体长度的两倍。

（2）喜鹊各个部位比例恰当，雕刻刀法熟练、准确，作品刀痕少。

4）操作要领

（1）对喜鹊的形态特征以及翅膀、尾巴的结构要熟悉。

（2）雕刻前，应先在纸上画一下喜鹊，其头和身体可以看成两个椭圆形。

（3）在原料上确定喜鹊大形时可以借鉴国画画鸟的方法，即"鸟不离球、蛋、扇"（就是说鸟头为圆形，躯干为蛋形，尾巴为扇形）。

（4）喜鹊的尾巴和翅膀可以单独雕刻好，然后再粘上去，这样喜鹊的姿态就比较灵活。

6. 绶带鸟的雕刻（图 3.30）

图 3.30

1）绶带鸟的相关知识介绍

绶带鸟，又名寿带鸟、练鹊、长尾鹟、一枝花等。雄鸟有两种色形，体长连尾羽约 30 厘米，头、颈和羽冠均具深蓝辉光，身体其余部分为白色而具黑色羽干纹，中央两根尾羽长达身体的四五倍，形似绶带，故名。雌鸟较雄鸟短小。

绶带鸟口裂大，喙宽阔而扁平，一般较短，成三角形，张开以后面积很大，上喙正中有棱嵴，前端微有缺刻；鼻孔覆羽；翅一般短圆，飞行灵便；腿较短，脚弱。

食品雕刻中，绶带鸟的雕刻是作为禽鸟类雕刻的基础，地位很重要。可以说，很多其他的禽鸟雕刻都是在绶带鸟雕刻的基础上进行变化和创造的。

2）绶带鸟的雕刻过程

（1）主要原材料：南瓜、胡萝卜。

（2）雕刻工具：雕刻主刀、小号拉刻刀、中号拉刻刀、大号拉刻刀、六边形拉刻刀、U 形戳刀。

（3）雕刻步骤：

①确定绶带鸟的姿态和身体大形，如图 3.31 所示。

a. 取一块南瓜，把一端切成楔形（斧棱形），并在原料上画出绶带鸟的大形。

b. 从鸟嘴开始下刀，雕刻出绶带鸟的头颈外形轮廓。

②雕刻鸟嘴部，如图 3.32 所示。

a. 雕刻出三角形的鸟嘴，再把三角形分成大、小两个三角形，并用主刀把鸟嘴裂线刻出来。

b. 戳出鸟嘴的嘴角线。

③雕刻鸟的头、颈部，如图 3.33 至图 3.38 所示。

a. 把鸟头修整圆滑，确定鸟眼睛的位置和头部的结构线。

b. 用大号拉刻刀雕刻出鸟的眼睛以及鸟头部的凹凸点。

c. 用 U 形戳刀雕刻出头部眼睛的黑眼仁，并用主刀刻出绶带鸟的鼻孔。

d. 用划线刀雕刻出鸟头部各部位的绒毛和鸟的脖颈形状以及羽毛。

④雕刻鸟的躯干：根据鸟头部的大小画出鸟的躯干大形，并雕刻出来，如图 3.39 所示。

⑤雕刻鸟的翅膀，如图3.40至图3.42所示。

a. 取一块南瓜刻出翅膀的大形。

b. 用六边形拉刻刀和主刀雕刻出鸟翅膀上的覆羽。

c. 用主刀或U形戳刀雕刻出鸟翅膀的飞羽。

⑥雕刻鸟的尾部：按照前面雕刻鸟尾部的方法雕刻出绶带鸟的长尾，如图3.43所示。

⑦雕刻鸟的腿爪部：按照前面雕刻鸟腿爪部的方法雕刻出绶带鸟的爪部，如图3.44所示。

a. 用六边形拉刻刀和主刀雕刻出鸟的尾下覆羽和鸟大腿上的覆羽。

b. 用胡萝卜雕刻出绶带鸟的一对脚爪。

⑧整体修整成型，如图3.45所示。

图3.31

图3.32

图3.33

图3.34

图3.35

图3.36

图3.37

图3.38

图3.39

图3.40

图3.41

图3.42

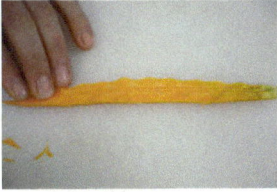

图 3.43   图 3.44   图 3.45

3）成品要求

（1）绶带鸟形体较小，嘴短小，头椭圆形，颈部较短，尾部为长尾，长度与身体长度相当。

（2）鸟各个部位比例恰当，雕刻刀法熟练、准确，作品刀痕少。

（3）废料去除干净，无残留。

4）操作要领

（1）对绶带鸟的形态特征以及翅膀、尾巴的羽毛等结构要熟悉。

（2）雕刻前应先在纸上画一下绶带鸟，其头和身体可以看成两个椭圆形。

（3）雕刻鸟的大形时可以借鉴国画画鸟的方法，即"鸟不离球、蛋、扇"（就是说鸟头为圆形，躯干为蛋形，尾巴为扇形）。

（4）绶带鸟的尾巴可以单独雕刻好，然后再粘上去，这样绶带鸟尾巴就可以上下左右任意造型。

7．仙鹤的雕刻（图 3.46）

图 3.46

1）仙鹤的相关知识介绍

仙鹤是鹤类中的一种，因头顶有"红肉冠"而得名，是东亚地区所特有的鸟种，因其体态优雅、颜色分明，在这一地区的文化中具有吉祥、忠贞、长寿的象征，是国家一级保护动物。仙鹤也叫丹顶鹤、䴏鹤，中国古籍文献中对丹顶鹤有许多称谓，如《尔雅翼》中称其为"仙禽"，《本草纲目》中称其为"胎禽"。

丹顶鹤身长 120～150 厘米，翅膀打开约 200 厘米。丹顶鹤具备鹤类的特征，即三长——嘴长、颈长、腿长。嘴为橄榄绿色。成鸟除颈部和飞羽后端为黑色外，全身洁白，头顶皮肤裸露呈鲜红色，长而弯曲的黑色飞羽呈弓状且覆盖在白色尾羽上，特别是裸露的朱红色头顶，好像一顶小红帽，因此得名。喉、颊和颈为暗褐色。幼鸟体羽棕黄，喙黄色。亚成体羽色黯淡，2岁后头顶裸区红色越发鲜艳。

2）仙鹤的雕刻过程

（1）雕刻原料：白萝卜、胡萝卜、青萝卜等。

（2）雕刻工具：雕刻主刀、小号拉刻刀、中号拉刻刀、大号拉刻刀、六边形拉刻刀。

（3）雕刻步骤：

①用白萝卜和胡萝卜拼接，然后画出仙鹤的嘴和头大形，如图3.47所示。

②用手刀雕刻出仙鹤颈部的弧度线条，如图3.48所示。

③用手刀雕刻出仙鹤的背部线条，如图3.49所示。

④继续雕刻出仙鹤的腹部线条，如图3.50所示。

⑤调整脖子的粗细，如图3.51所示。

⑥用手刀划出仙鹤腿部的位置，如图3.52所示。

⑦用戳刀戳出腿部与腹部的分界线，如图3.53所示。

⑧用大号拉刀拉出大腿的腿毛大概，如图3.54和图3.55所示。

⑨另取一块白萝卜用主刀刻出仙鹤的翅膀大形，并用戳刀戳出羽毛，如图3.56所示。

⑩取胡萝卜刻出仙鹤的脚爪，如图3.57所示。

⑪整体修整成型，如图3.58所示。

图 3.47

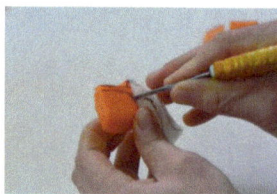

图 3.48

图 3.49

图 3.50

图 3.51

图 3.52

图 3.53

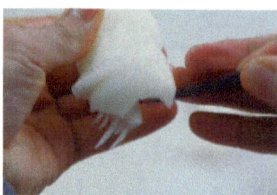

图 3.54

图 3.55

图 3.56　　　　　　　　　　图 3.57　　　　　　　　　　图 3.58

8. 锦鸡的雕刻（图 3.59）

图 3.59

1）锦鸡的相关知识介绍

红腹锦鸡又名金鸡、山鸡、采鸡等，为中国所特有，分布的核心区域在中国甘肃和陕西南部的秦岭地区。雄鸟羽色华丽，头具金黄色丝状羽冠，上体除上背为浓绿色外，其余为金黄色，后颈披有橙棕色而缀有黑边的扇状羽，形成披肩状；下体深红色，尾羽比较长，中央一对尾羽为黑褐色，满缀以黄色斑点；外侧尾羽为黄色而具黑褐色波状斜纹；最外侧三对尾羽为果褐色，具黑褐色斜纹；脚黄色。全身羽毛颜色互相衬托，赤橙黄绿青紫俱全，光彩夺目，是驰名中外的观赏鸟类。

人们认为红腹锦鸡是传说中的"凤凰"，自古以来深受人们喜爱，将红腹锦鸡作为吉祥、好运、喜庆、福气、美丽、高贵的象征。"前程似锦""锦上添花"等是中国传统艺术中常见的题材。

在食品雕刻中，锦鸡的头、尾部是雕刻的重点和难点。另外，锦鸡的披肩羽是其重要特征，雕刻时要注意和一般羽毛的形状相区别。锦鸡是长尾巴，长度可以是其身体的两倍。

2）锦鸡雕刻过程

（1）主要原材料：胡萝卜、南瓜。

（2）雕刻工具：雕刻主刀、小号拉刻刀、中号拉刻刀、大号拉刻刀、六边形拉刻刀。

（3）制作步骤：

①确定锦鸡的姿态和身体大形。

②雕刻锦鸡的头颈部分：

a. 取一块胡萝卜，粘接一块料，把一端切成斧头形，并在原料上画出头部的大形，如图 3.60 至图 3.62 所示。

b. 从鸟嘴开始下刀刻出头羽、脸颊的整体大形（外形轮廓）。

c. 雕刻出尖形的鸟嘴，用主刀斜刻去掉棱角，如图 3.63 所示。

d. 用中号拉刀拉出鸟嘴的嘴角线，并雕刻出锦鸡的脖颈，如图 3.64 所示。

e. 确定锦鸡的眼睛和披肩羽的位置，并雕刻出来，如图 3.65 所示。

③雕刻锦鸡的躯干部分：

a. 把锦鸡头雕刻好后，根据头的大小确定锦鸡躯干的大小，如图 3.66 所示。

b. 刻出锦鸡的翅膀大形并细化羽毛，如图 3.67 和图 3.68 所示。

④雕刻锦鸡的尾巴和锦鸡的腿爪，如图 3.69 和图 3.70 所示。

⑤整体修整成型：把雕刻好的锦鸡各部位有机地安装组合在一起，如图 3.71 所示。

图 3.60

图 3.61

图 3.62

图 3.63

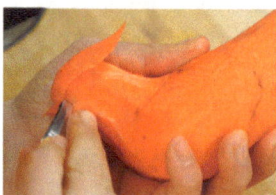

图 3.64

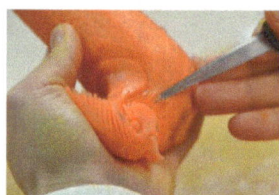

图 3.65

图 3.66

图 3.67

图 3.68

图 3.69

图 3.70

图 3.71

3）成品要求

(1)锦鸡各个部位比例恰当，特征突出。

(2)锦鸡形态生动、逼真。

(3)雕刻刀法熟练、准确，作品刀痕少。

4)操作要领

(1)对锦鸡的形态特征、翅膀、尾巴等结构要熟悉。

(2)雕刻时，应结合喜鹊的雕刻方法和技巧。

(3)锦鸡的主要特征在头和尾，雕刻时要注意把握，表现准确。

(4)锦鸡的尾巴比较长，雕刻方法可以借鉴喜鹊尾巴的雕刻方法。

(5)可以采用组合雕的方式进行雕刻。尾巴、腿爪和翅膀可以分别单独雕刻好，然后再组合成型。

9. 鹦鹉的雕刻(图 3.72)

图 3.72

1)鹦鹉的相关知识介绍

鹦鹉是指鹦形目中众多艳丽、爱叫的鸟。鹦鹉主要生活在低地热带森林，也常飞至果农田和空旷草场中。分布于山地的鹦鹉种类较少，它们一般以配偶和家族形成小群活动，栖息在林中树枝上，主要以树洞为巢。多数鹦鹉主食树上或者地面上的植物果实、种子、坚果、浆果、嫩芽嫩枝等，兼食少量昆虫。鹦鹉种类非常繁多，形态各异，羽色艳丽。鹦鹉中体形最大的当属华贵高雅的紫蓝金刚鹦鹉，最小的是蓝冠短尾鹦鹉。其中，最美丽、最独特、人们最熟悉的鹦鹉是虎皮鹦鹉和葵花凤头鹦鹉等。鹦鹉鸣叫响亮，是典型的攀禽，对趾型足，两趾向前、两趾向后，适合抓握。鹦鹉的钩喙独具特色，强劲有力，可以食用坚果。

鹦鹉与人类的文明发展息息相关，它们也是人们最好的伙伴和朋友。鹦鹉训练后可表演许多新奇有趣的节目，是不可多得的鸟类"表演艺术家"。它们的"口技"在鸟类中是十分超群的，但这也只是一种条件反射、机械模仿而已。这种仿效行为在科学上叫作效鸣。鹦鹉聪明伶俐，善于学习，特别是它能模仿人的语言，因此备受宠爱。人们喜爱这些美丽的飞禽，把它们作为智慧的象征，是各种艺术经常表现的题材之一。

在食品雕刻中，重点是要雕刻出鹦鹉头部的特点，其脸颊比较大而且较突出，钩嘴宽而短。至于其他部位的雕刻可以参照喜鹊的雕刻方法和技巧。

2)鹦鹉雕刻过程

(1)主要原材料：胡萝卜、南瓜、心里美萝卜。

(2)雕刻工具：雕刻主刀、小号拉刻刀、中号拉刻刀、大号拉刻刀、六边形拉刻刀。

(3)制作步骤：

①确定鹦鹉的姿态和身体大形：

a. 取一块南瓜，把一端切成楔形(斧棱形)，并在原料上画出鹦鹉的大形，如图 3.73 所示。

b. 从鸟嘴开始下刀雕刻出鹦鹉头、颈、背部的整体大形(外形轮廓)。

②雕刻鹦鹉的嘴部：借鉴喜鹊嘴部的雕刻方法，只是在外形上鹦鹉的嘴呈钩状，而且显得比较宽厚。

a. 雕刻出钩形的鸟嘴，用主刀斜刻去掉棱角，如图 3.75 所示。

b. 戳出鸟嘴的嘴角线，并雕刻出鹦鹉的脖颈，如图 3.76 所示。

③雕刻鹦鹉的头部、颈部：

a. 把鸟头修整圆滑，确定眼睛的位置和头部的结构线，如图 3.77 所示。

b. 雕刻出眼睛和眼里的黑眼仁，如图 3.78 所示。

c. 用主刀和划线刀雕刻出头部各部位的绒毛和脖颈形状以及羽毛。

d. 在头顶上粘接一块心里美萝卜并刻出头羽，如图 3.79 和图 3.80 所示。

④雕刻鹦鹉的躯干大形，如图 3.81 所示。

⑤雕刻鹦鹉的翅膀：

a. 确定翅膀的位置和形状，并用 U 形戳刀戳出翅膀，如图 3.82 所示。

b. 雕刻出翅膀上的覆羽和飞羽，如图 3.83 所示。

⑥雕刻鹦鹉的大腿部分，如图 3.84 所示。

⑦雕刻鹦鹉的尾巴部分：按照前面雕刻鸟尾部的方法雕刻出鹦鹉的尾巴，如图 3.85 所示。

⑧雕刻鹦鹉的腿爪部分：按照前面雕刻鸟腿爪部的方法雕刻出鹦鹉对趾型的腿爪，如图 3.86 所示。

⑨整体修整成型：把雕刻好的鹦鹉各部位有机地安装组合在一起，如图 3.87 所示。

图 3.73

图 3.74

图 3.75

图 3.76

图 3.77

图 3.78

图 3.79

图 3.80

图 3.81

图 3.82

图 3.83

图 3.84

图 3.85

图 3.86

图 3.87

3）成品要求

（1）鹦鹉各个部位比例恰当，特征突出，其嘴呈钩状。

（2）雕刻刀法熟练、准确，作品刀痕少。

4）操作要领

（1）对鹦鹉的形态特征、翅膀、尾巴等结构要熟悉。

（2）雕刻时，应结合喜鹊的雕刻方法和技巧，对前面所学的鸟各部位的雕刻要认真练习熟练掌握。

（3）鹦鹉的嘴比较像老鹰的钩形嘴，头部比较大而且外形特点突出，雕刻时要注意把握好。

（4）鹦鹉的尾巴比较长，可以借鉴喜鹊尾巴的雕刻方法。

（5）可以采用组合雕的方式进行雕刻。嘴巴、尾巴、腿爪和翅膀可以分别用不同的原料单独雕刻好，然后再粘上去。这样姿态变化就比较灵活，而且色彩更加丰富。

10. 雄鸡的雕刻（图 3.88）

图 3.88

1)雄鸡的相关知识介绍

雄鸡即公鸡,是人类饲养最普遍的家禽。雄鸡品种很多。公鸡打鸣、报晓是乡村生活的一道美丽风景。公鸡体格健壮,头昂尾翘,身体具有典型的 U 字形特征;翅膀短,不能高飞;羽毛紧密、有光泽;行动灵活,活泼好动;单冠且有 5～6 个冠齿;耳垂和肉髯均为鲜红色,喙短而尖;成年公鸡背部、尾部羽毛有彩色的金属光泽;脚爪粗壮,脚趾前三后一,小腿上还有趾。

鸡是太阳的使者或传令者,也是十二生肖中的一属。数千年来,公鸡留下了许多美好的神话传说。我国古代称它为"五德之禽"。《韩诗外传》说,它头上有冠,是文德;足后有距能斗,是武德;敌在前敢拼,是勇德;有食物招呼同类,是仁德;守夜不失时,守时报晓,是信德。现代人们赞美鸡,主要是赞美鸡的武勇之德和守时报晓之信德。传说鸡还是日中鸟,鸡鸣日出,带来光明,能够驱逐妖魔鬼怪。

公鸡形体健美,毛色华丽,气宇轩昂、行动敏捷,是时间的使者,勤奋的化身,与人们生活关系密切。它的气魄和英姿,自古以来就深受文人墨客的赏识,常以雄鸡作为诗、画创作的素材。

在食品雕刻中,雄鸡雕刻的时候定大形特别重要,要点就是其身体背部呈 U 字形,要仰头挺胸、翘尾。这样才能表现出雄鸡的气质。

2)雄鸡雕刻过程

(1)主要原材料:胡萝卜、南瓜、青萝卜等。

(2)雕刻工具:雕刻主刀、小号拉刻刀、中号拉刻刀、大号拉刻刀、六边形拉刻刀、戳刀等。

(3)制作步骤:

①选料:根据公鸡的姿态粘接原料,并且把公鸡的大形画在上边,如图 3.89 所示。

②雕刻公鸡的头颈部分:

a.雕刻出头颈部分的大形,并刻出张开的鸡嘴,用主刀雕刻出鸡舌头,如图 3.90 所示。

b.用中号拉刻刀拉出鸡嘴的嘴角线,如图 3.91 所示。

c.雕刻出鸡下嘴的肉坠,如图 3.92 所示。

d.取一块原料,画出鸡冠的形状,并雕刻出来,如图 3.93 所示。

e.确定眼睛的位置,雕刻出鸡的眼睛,如图 3.94 所示。

f.雕刻出公鸡脖颈上的羽毛,如图 3.95 所示。

③雕刻公鸡的躯干和翅膀部分:

a.雕刻出公鸡的躯干大形,并用 U 形戳刀或 U 形拉刻刀雕刻出公鸡翅膀的大形,如图 3.96 所示。

b.雕刻出鸡大腿上的羽毛,如图 3.98 所示。

c.雕刻出翅膀的覆羽,如图 3.99 所示。

d.雕刻出翅膀的飞羽,如图 3.100 和图 3.101 所示。

④雕刻出公鸡的主尾羽和副尾羽,如图 3.102 和图 3.103 所示。

⑤雕刻出鸡爪,如图 3.104 和图 3.105 所示。

⑥组装成型,如图 3.106 所示。

图 3.89

图 3.90

图 3.91

图 3.92

图 3.93

图 3.94

图 3.95

图 3.96

图 3.97

图 3.98

图 3.99

图 3.100

图 3.101

图 3.102

图 3.103

图 3.104

图 3.105

图 3.106

3)成品要求

(1)公鸡形象生动、逼真。

(2)各个部位比例恰当，雕刻刀法熟练、准确，作品刀痕少。

(3)废料去除干净，无残留。

4)操作要领

(1)对公鸡的形态特征，翅膀、尾巴的羽毛结构要熟悉。

(2)雕刻前应先在纸上画出公鸡形象。

(3)公鸡在造型上应抬头挺胸、翘尾，背部呈 U 字形。

(4)公鸡的尾巴可以单独雕刻好，然后再粘上去。

(5)公鸡尾巴羽毛应该长短有变化，粘接角度有变化。这样显得自然、美观。

11. 雄鹰的雕刻（图 3.107）

图 3.107

1)鹰的相关知识介绍

广义的鹰泛指小型至中型的白昼活动的隼形目鸟类，种类很多。广义的鹰也常用来称呼鹰科的其他种鸟类，包括金雕、白肩雕、玉带海雕、白尾海雕、鸢、大鵟、秃鹫、兀鹫、胡兀鹫、高山兀鹫 10 种。鹰是众多猛禽的典型代表，飞翔能力极强，是视力最好的动物之一。在我国，最常见的鹰有苍鹰、雀鹰和松雀鹰 3 种。鹰体形较大，体态雄健，嘴弯曲似钩，两眼侧置，翅膀宽大、刚劲有力；尾羽形状呈扇形，多数为 12 枚；脚和趾强健有力，通常 3 趾向前，1 趾向后，呈不等趾型。趾端钩爪锐利；体羽色较单调，多数为灰褐、棕褐或灰白色混合斑纹羽色。以上特征都说明鹰是自然界中的好猎手。

鹰多在白天活动，它们善于捕猎，飞行技巧高超，给人以勇猛威武的气势。雄鹰一旦发现猎物，并不会急于出击，往往会先在天空盘旋几圈，通过对猎物的观察，它们会选择最好的时间、最佳的俯冲路线抓捕猎物，一旦出手，必求一击必中。

鹰的眼神凌厉，疾飞如风，勇猛睿智。鹰是最能证明天空的浩瀚无边和心灵的通脱旷达的飞鸟，在人类心目中是力量和速度的象征，在各国的文化中具有神话色彩，受到人们的爱戴，被视为神明顶礼膜拜。现在许多国家还把鹰选为国鸟，象征国家精神。人们将勇士比作"雄鹰"，将战机称为"战鹰"。这种"鹰击长空竞自由"的精神，已经深深烙印在了人们的心里。我国有唯一以"鹰"为别名的城市——平顶山市。"鹏程万里""大展宏图""壮志凌云"等就是把鹰作为表现题材。

在食品雕刻中，鹰的雕刻非常有特点，运用了很多夸张的雕刻手法和造型，重点是头部、翅膀和脚爪、羽毛的雕刻。总之，要把鹰独特的气质表现出来。

2）雄鹰雕刻过程

（1）主要原材料：胡萝卜、南瓜等。

（2）雕刻工具：雕刻主刀、大中小号拉刻刀、六边形拉刻刀、戳刀等。

（3）制作步骤：

①鹰头、颈部的雕刻：雕刻的方法和技巧可以借鉴鹦鹉头部的雕刻。

a. 取一块原料，在原料上画出鹰头部的大形和嘴、眼等，如图 3.108 所示。

b. 雕刻出鹰钩形的嘴和鹰的眼线，如图 3.109 所示。

c. 雕刻出鹰嘴上的老皮，如图 3.110 所示。

d. 戳出鹰的嘴角线，雕刻出鹰的眼睛，如图 3.111 所示。

e. 雕刻出鹰头部各部位的羽毛，如图 3.112 所示。

②鹰身体、尾巴和翅膀的雕刻过程：

a. 将雕刻好的鹰头部接在原料上，根据头部的大小和姿态雕刻出鹰的躯干大形，并用主刀雕刻出躯干上的羽毛。

b. 另取原料分别雕刻出鹰的翅膀、覆羽和飞羽，然后组合在一起，如图 3.114 至图 3.116 所示。

c. 雕刻出鹰的尾巴，如图 3.117 和图 3.118 所示。

③鹰腿爪的雕刻（采用组合雕的方式）：

a. 取一块原料，在上面画出鹰脚爪的大形。

b. 雕刻出鹰爪的中趾和后趾，如图 3.119 和图 3.120 所示。

c. 分别雕刻出鹰爪的外趾和内趾，并分别粘接在中趾的两边，如图 3.121 所示。

④组装成型，如图 3.122 所示。

图 3.108　　　　　　　　图 3.109　　　　　　　　图 3.110

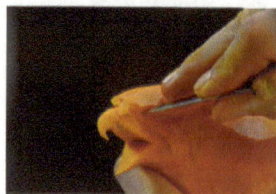
图 3.111

图 3.112

图 3.113

图 3.114

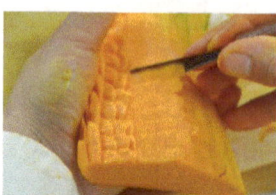
图 3.115

图 3.116

图 3.117

图 3.118

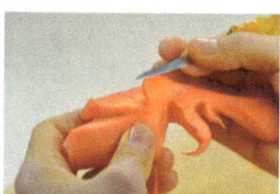
图 3.119

图 3.120

图 3.121

图 3.122

3)成品要求

(1)雄鹰形态生动、逼真，各个部位比例恰当，特征突出。

(2)雕刻刀法熟练、准确，作品刀痕少。

4)操作要领

(1)对鹰的形态特征，翅膀、尾巴和腿爪等结构要熟悉。

(2)雕刻时，应采用写实和写意相结合的雕刻手法进行创作。

(3)雕刻的重点在头、爪和翅膀。在雕刻时可以适当夸张一点。

(4)鹰的羽毛在雕刻时既不要太规则，也不要太乱。羽毛的排列应长短结合。取废料时可以下刀深一点，取厚一点，使羽毛有如风吹起的感觉。

(5)眼睛大约在额头与嘴角 1/2 处，尽量靠近嘴边，这样鹰显得更凶猛。

(6)可以采用组合雕的方式进行雕刻，尾巴、腿爪和翅膀可以分别单独雕刻好，然后再组合。

12. 孔雀的雕刻（图 3.123）

图 3.123

1）孔雀的相关知识介绍

孔雀又名为越鸟，产于热带，在中国仅见于云南和西藏东南部。孔雀是一种大型的陆栖雉类，有绿孔雀、蓝孔雀、黑孔雀和白孔雀 4 种。孔雀群居在热带森林中或河岸边，也有生活在灌木丛、竹林、树林的开阔地带，多见成对活动，也有三五成群的。孔雀的食物以蘑菇、嫩草、树叶、白蚁和其他昆虫为主。雄孔雀头顶上有羽冠，颈部羽毛呈绿色或蓝色，多带有金属光泽。雄孔雀的尾毛很长，羽支细长，犹如金绿色丝绒，其末端有众多由紫、蓝、黄、红等颜色构成的大形眼状斑，开屏时如彩扇，反射着光彩，好像无数面小镜子，鲜艳夺目，尤为艳丽。尾屏主要由尾部上方的覆羽构成，这些覆羽极长，羽尖具彩虹光泽。求偶表演时，雄孔雀将尾屏下的尾部竖起，向前尾羽颤动，闪烁发光，并发出嘎嘎响声。这就是所谓的"孔雀开屏"。雌孔雀无尾屏，背面浓褐色，并泛着绿光，没有雄孔雀美丽。

孔雀被视为最美丽的观赏鸟，是吉祥、善良、美丽、华贵的象征，无论在古代东方还是西方都是尊贵的象征。在东方的传说中，孔雀是由百鸟之王凤凰得到交合之气后育生的，与大鹏为同母所生，被如来佛祖封为大明王菩萨。在西方的神话中，孔雀则是天后赫拉的圣鸟，因为赫拉在罗马神话中被称为朱诺，所以孔雀又被称为"朱诺之鸟"。

由于孔雀的体形巨大，在食品雕刻中多采用组合雕的方式进行雕刻。孔雀的头呈三角形，尾羽要大，色彩上应尽量多变化，造型上一般配牡丹花、玉兰花、月季花、山石、树木等。

2）孔雀雕刻过程

（1）主要原材料：南瓜、胡萝卜、青萝卜、心里美萝卜等。

（2）雕刻工具：雕刻主刀、大中小号拉刻刀、戳刀等。

（3）制作步骤：

①雕刻孔雀的头、颈部分：

a. 取一块南瓜粘接在去皮的南瓜上，画出孔雀头部和身体的大形，如图 3.124 所示。

b. 雕刻出头、颈部分的大形，如图 3.125 所示。

c. 确定眼睛的位置，雕刻出孔雀眼睛的上眼线，如图 3.126 所示。

d. 用主刀把上下嘴壳的棱角去掉。用 V 形戳刀戳出孔雀的嘴角线，如图 3.127 所示。

e. 雕刻出孔雀的眼睛，如图 3.128 所示。

f. 确定孔雀的下颌、脸颊、耳羽的位置并雕刻出来，如图 3.129 所示。

g. 把孔雀头部修整光滑，如图 3.130 所示。

h. 雕刻出孔雀脖颈的形状和姿态，如图 3.131 所示。

②雕刻孔雀的躯干部分：

a. 雕刻出大腿毛发，如图 3.132 所示。

b. 雕刻出孔雀脖颈部的鳞羽，如图 3.133 所示。

c. 采用雕刻锦鸡躯干的方法和技巧雕刻出孔雀的躯干。

③雕刻孔雀的翅膀、头羽和尾羽：

a. 采用锦鸡翅膀雕刻的方法和技巧雕刻出孔雀的翅膀，如图 3.134 至图 3.136 所示。

b. 雕刻出孔雀的头羽。

c. 雕刻出孔雀的尾羽。

④雕刻孔雀的腿爪：采用雕刻锦鸡腿爪的方法和技巧雕刻出孔雀的腿爪，如图 3.140 所示。

⑤组装成型：把雕刻成型的孔雀部件有机地组合成完整的作品，如图 3.141 所示。

图 3.124

图 3.125

图 3.126

图 3.127

图 3.128

图 3.129

图 3.130

图 3.131

图 3.132

图 3.133

图 3.134

图 3.135

图 3.136

图 3.137

图 3.138

图 3.139

图 3.140

图 3.141

3）成品要求

（1）孔雀形象生动、逼真。

（2）孔雀各个部位比例恰当，翅膀和腿爪的位置、大小适当。

（3）雕刻刀法熟练、准确。废料去除干净，无残留，作品刀痕少。

4）操作要领

（1）对孔雀的形态特征，翅膀、尾巴的羽毛结构要熟悉。

（2）雕刻前，应先在纸上画一下孔雀的形象。

（3）孔雀的脖子比较长，雕刻时要正确把握其姿态变化。

（4）孔雀的尾巴羽毛比较多，因此可以单独雕刻好，然后再粘上去。

（5）孔雀头部呈三角形，雕刻时应注意正确把握和控制。

（6）孔雀的尾巴较大，是其身体的 3 倍以上，可以适当夸张一点。

13. 凤凰的雕刻（图 3.142）

图 3.142

1）凤凰的相关知识介绍

凤凰是中国古代传说中的"百鸟之王"。凤凰和龙一样为中华民族的图腾。凤和凰不是任何现实中存在的鸟类的别称或化身，是因为有了"凤凰"这个概念以后，人们才试图从现实中找到一些鸟的形象，去附和、实体化这种并不存在于现实之中的凤凰。

凤凰性格高洁，非晨露不饮，非嫩竹不食，非千年梧桐不栖。根据神话传说，凤凰每次死后，会周身燃起大火，然后在烈火中获得重生，并获得较之以前更强大的生命力，称为"凤凰涅槃"。如此周而复始，凤凰获得了永生。

凤凰也是中国皇权的象征，常和龙一起使用，凤从属于龙，用于皇后嫔妃。龙凤呈祥是最具中国特色的图腾，民间美术中也有大量的类似造型。凤也代表阴，尽管凤凰也分雄雌，但一般将其看作阴性。而凤凰亦有"爱情""夫妻"的意思。总之，凤凰是人们心目中的祥鸟，是尊贵、崇高、贤德的象征，也象征天下太平、社会和谐等。

据现存文献推断，凤凰具有以下特征：

(1)凤形体甚高，约六尺至一丈，不善飞行，穴居。

(2)凤喙如鸡，颔如燕，具有柔而细长的脖颈(蛇颈)。

(3)凤背部隆起似龟背，羽毛上有花纹，尾毛分叉如鱼尾。

(4)凤雌雄鸣叫不同声(雄曰"即即"，雌曰"足足")。

(5)凤以植物为食(竹根)，好结集为群，来则成百。

(6)凤足脚甚高(体态如鹤)，行走步态倨傲而善于舞蹈。

由于凤凰是传说中的神鸟，因此它的形态特征、特点就没有一个固定的标准。但是在食品雕刻中，仍然要把凤凰的特征、特点雕刻出来。凤凰的体形巨大，结构复杂，所以主要采用组合雕的方式进行雕刻。

2)凤凰雕刻过程

(1)主要原材料：胡萝卜、南瓜、青萝卜、心里美萝卜等。

(2)雕刻工具：雕刻主刀、大中小号拉刻刀、双线拉刻刀、戳刀等。

(3)制作步骤：

①选料：根据凤凰的姿态和整体造型的需要选择好雕刻的原料。

②雕刻凤凰的头、颈部分：

a. 粘接一块胚料，在原料上画出凤凰头、颈部分的大形，如图 3.143 所示。

b. 雕刻出头、颈部分的大形，并且雕刻出张开的凤嘴、凤冠、头翎、凤坠等的大形，如图 3.144 所示。

c. 用中号拉刻刀刻出凤嘴的嘴角线，以及凤凰凤冠、头翎部分的细节，如图 3.145 所示。

d. 雕刻出凤凰脖颈的羽毛并组装成型，如图 3.146 所示。

e. 确定眼睛的位置，雕刻出凤凰的眉毛和眼睛，如图 3.147 所示。

f. 雕刻出凤凰下嘴的肉坠，如图 3.148 所示。

③雕刻出凤凰的主尾羽，如图 3.149 至图 3.151 所示。

④雕刻凤凰的躯干和翅膀部分：

a. 雕刻出凤凰的躯干大形并修整成型后用砂纸打磨光滑。

b. 雕刻出凤凰躯干的细节，并用主刀和六边形拉刻刀雕刻出凤的尾上覆羽和副尾，如图 3.152 至图 3.154 所示。

c. 雕刻出凤凰展开的翅膀，如图 3.155 至图 3.157 所示。

⑤雕刻凤凰脚爪和相思羽：

a. 用胡萝卜刻出凤凰的脚爪，如图 3.158 所示。

b. 取心里美萝卜雕刻相思羽，如图 3.159 所示。

⑥组装成型，如图 3.160 所示。

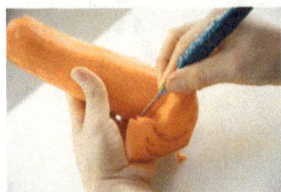

图 3.143

图 3.144

图 3.145

图 3.146

图 3.147

图 3.148

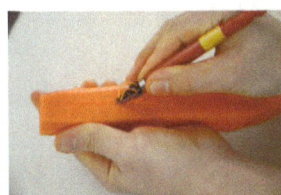

图 3.149

图 3.150

图 3.151

图 3.152

图 3.153

图 3.154

图 3.155

图 3.156

图 3.157

图 3. 158

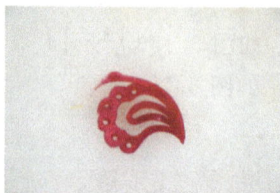
图 3. 159

图 3. 160

3)成品要求

(1)整体完整，形象生动、逼真。

(2)凤凰各个部位比例恰当，雕刻刀法熟练、准确，作品刀痕少。

(3)废料去除干净，无残留。

4)操作要领

(1)对凤凰的形态特征、外形结构要熟悉。

(2)雕刻前，应先在纸上画下凤凰的外形。

(3)凤凰雕刻一般都采用组合雕刻的方式进行。

(4)凤凰的形象有很多变化，但是雕刻的方法和步骤是一样的，在具体的雕刻中可以灵活运用。

(5)凤凰尾巴羽毛在组装时应该注意粘接角度的变化，要显得自然美观，飘逸潇洒。

课后习题

一、单选题

1. 鸟类（   ）、嘴部的雕刻是禽鸟类雕刻的重点。

A. 头   B. 脚   C. 翅膀   D. 身体

2. 在食品雕刻中，一般把鸟类的胫部叫作鸟类的（   ）。

A. 小腿   B. 大腿   C. 翅膀   D. 尾巴

3. 在食品雕刻中，重点是要雕刻出鹦鹉（   ）的特点，其脸颊比较大而且较突出，钩嘴宽面短。

A. 头部   B. 脚部   C. 翅膀   D. 尾部

4. 在食品雕刻中，锦鸡的头、（   ）是雕刻的重点和难点。

A. 头部   B. 脚部   C. 翅膀   D. 尾部

二、简答题

1. 鸟类各部位的主要特征和特点有哪些？

2. 喜鹊的外形特征、特点主要有哪些？

3. 雄鹰的形态特征主要有哪些？在食品雕刻中应该怎样体现？

项目四

鱼虾类食品雕刻

任务　鱼虾类雕刻工艺

1. 鱼虾的基础知识

鱼虾类的动物，栖居于地球上几乎所有的水生环境——从淡水的湖泊、河流到咸水的海洋。鱼虾类的动物终年生活在水中，也有少部分可以离开水短暂地生活。鱼虾是用鳃呼吸，用鳍辅助身体平衡与运动的动物。鱼虾类的动物大都生有适于游泳和适于水底生活的流线型体形。有些鱼类（如金鱼、热带鱼等）体态多姿、色彩艳丽，还具有较高的观赏价值。鱼虾类富含优质蛋白质和矿物质等，营养丰富，滋味鲜美，易被人体消化吸收，对人类体力和智力的发展具有重大作用，是重要的烹饪食材。

在中国很多鱼类都以吉祥的内涵表现在传统文化上，比如利用"鱼"与"余"的谐音来表达"连年有余""吉庆有余"的祥瑞之兆。年画中也有很多以鱼为内容的。另外，鱼也是激流勇进、聪明灵活、美好富有、人丁兴旺等美好内涵的象征。人们还用鱼和水难以分开的关系来代表恋人、夫妻之间的爱情。其中，鲤鱼和金鱼特别受到大家的喜爱。

鱼虾类的雕刻作品小巧玲珑，趣味十足，雕刻方法相对简单，而烹饪中很多菜点的主料就是一些鱼虾类原材料，因此应用在这类菜点的装饰中效果非常好，往往能起到画龙点睛、锦上添花的作用。

在雕刻的过程中，要把每种鱼虾的基本特征和特点表现出来，不同鱼虾类的区别主要是整体形态的不同、头部的变化以及鱼鳍形状上的差异，而在具体的雕刻刀法和方法上基本上是一样的。

鱼类在姿态造型上主要有张嘴、闭嘴，摇头摆尾、弹跳等。虾类的比较简单，就是身体的自然弯曲，但是不能把虾身雕刻成卷曲状。对于鱼虾类，有些部位的雕刻也可以适当地变形和适度地夸张，如鱼尾、鱼鳍以及虾的颚足、步足等。

2. 鱼类的基本结构

鱼的种类很多，在外形上差别很大，但是结构上的区别较小。鱼的身体可以分为鱼头、鱼身、鱼尾三部分。鱼的头部主要有鱼嘴、鱼眼、鱼鳃、鼻孔，一部分鱼类在唇部还长有触须。鱼头所占身体的比例会因为鱼的种类不同而有所变化。鱼眼位于头部前方偏上的位置，不能闭合。鱼鳃是鱼的呼吸器官，鱼鼻孔很小，不易发现。鱼身部分主要有鱼鳞、鱼鳍等。鱼尾比较灵活，有燕尾形、剪刀形等形状。

3. 虾类的基本结构

虾体长而扁，分头胸和腹两部分，半透明、侧扁，腹部可弯曲，末端有尾扇。头胸由壳覆盖，腹部由 7 节体节组成。头胸甲前端有一尖长呈锯齿状的额剑及 1 对能转动且带有柄的复眼。虾用鳃呼吸，其鳃位于头胸部两侧，为甲壳所覆盖。虾的口在头胸部的底部，头胸部有 2 对触角，负责嗅觉、触觉及平衡。头胸部还有 3 对颚足，帮助把持食物；有 5 对步足，主要用来捕食及爬行。虾没有鱼那样的尾鳍，只有 5 对泳足及 1 对粗短的尾肢。尾肢与腹部最后结合为尾扇，能控制游泳方向。

4. 鲤鱼的雕刻（图 4.1）

图 4.1

1）鲤鱼的相关知识介绍

鲤鱼是在亚洲原产的温带淡水鱼，喜欢生活在平原上的暖和湖泊或水流缓慢的河川里，很早便在中国和日本被当作观赏鱼或食用鱼。鲤鱼经人工培育的品种很多，其体态颜色各异，深受大家的喜爱。鲤鱼整体外形呈三角形，头所占身体比例比较小，背鳍的根部长，没有腹鳍，通常口边有须，但也有的没有须。鲤鱼属于底栖杂食性鱼类，荤素兼食。

鲤鱼是我国传统的吉祥物，人们有爱鲤崇鲤的习俗。传说春秋时期，孔子的夫人生下个男孩，恰巧友人送来几尾鲤鱼。孔子"嘉以为瑞"，为儿子取名鲤，字伯鱼。由此可见在春秋时期人们就已经开始把鲤鱼看作祥瑞之物，"鲤鱼跃龙门"的故事更是广为流传。

在食品雕刻中，鲤鱼的形态一般雕刻成跳跃、游动的样子。其变化主要是尾部和尾鳍的姿态。作为初学者，可以先雕刻简单一点的姿态，然后再慢慢增加难度。

2）鲤鱼雕刻过程

（1）主要原材料：南瓜、胡萝卜等。

（2）雕刻工具：雕刻主刀、大中小号拉刻刀、戳刀、小号 QQ 刀。

（3）制作步骤：

① 雕刻鲤鱼的大形：

a. 取一块状厚料，在上面勾画出鲤鱼的大致轮廓，如图 4.2 所示。

b. 用主刀或是拉刻刀沿着鲤鱼的大致轮廓雕刻出鲤鱼的大形，如图 4.3 所示。

c. 在大形上确定鲤鱼的头、身、尾三个部位的位置和形状，如图 4.5 所示。

d. 用拉刻刀雕刻出鲤鱼比较鼓的肚皮，如图 4.6 所示。

e. 用 U 形戳刀雕刻出鲤鱼的鱼嘴，如图 4.7 所示。

f. 用主刀雕刻出鲤鱼的尾鳍大形，如图 4.8 所示。

② 鲤鱼细化：

a. 用砂纸把鲤鱼的坯料表面打磨光滑。

b. 用主刀雕刻出鲤鱼的鳃孔和腮盖上的纹路，如图 4.9 所示。

c. 用主刀（或拉刻刀）雕刻出鱼鳞，用 V 形戳刀雕刻出鳞片上的鳞骨，用六边形拉刻刀拉刻出鲤鱼尾鳍上的条纹，如图 4.10 至图 4.12 所示。

d. 用小号 QQ 刀雕刻出鲤鱼的眼睛，如图 4.13 所示。

③另取原料雕刻出鲤鱼的触须、背鳍、胸鳍和臀鳍并粘接在鲤鱼的身体上，如图4.14至图4.20所示。

图 4.2

图 4.3

图 4.4

图 4.5

图 4.6

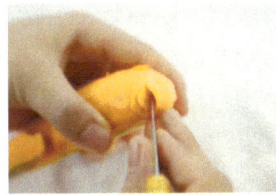

图 4.7

图 4.8

图 4.9

图 4.10

图 4.11

图 4.12

图 4.13

图 4.14

图 4.15

图 4.16

图 4.17

图 4.18

图 4.19

图 4.20

图 4.21

图 4.22

3)成品要求

(1)整体形象生动、逼真，鲤鱼各部位比例准确。

(2)雕刻刀法娴熟，刀痕少，废料去除干净。

(3)鲤鱼的鳞片大小均匀过渡，位置前后错开。

(4)鲤鱼眼睛位置准确，呈圆形突出。

4)操作要领

(1)雕刻前要熟悉鲤鱼的形态特征和各部位的特点，最好是先画一下。

(2)鲤鱼身体的雕刻比例为鲤鱼头部的5.5倍长，背鳍大约占整个身体的一半长度。

(3)鲤鱼头部不要雕刻得太大，尾巴不要雕刻得偏小。

(4)雕刻鲤鱼鳞片时应注意进刀的角度和去废料的角度。

(5)雕刻鱼鳞片时，一般是从鱼头往鱼尾雕刻，从鱼背开始往鱼肚方向雕刻。

(6)雕刻时，鲤鱼的鳍、触须和尾巴在造型上可以适当夸张一点。

5. 金鱼的雕刻(图 4.23)

图 4.23

1)金鱼的相关知识介绍

金鱼起源于我国，也称"金鲫鱼"，是我国特有的观赏鱼。在人类文明史上，中国金鱼已陪伴着人类生活了十几个世纪，是世界观赏鱼史上最早的品种。经过长时间培育，金鱼品种很多并不断优化。金鱼的颜色有红色、橙色、紫色、蓝色、墨色、银白色、五花色等。金鱼是一种天然的活的艺术品，它们形态优美，身姿奇异，色彩绚丽，既能美化环境，又能陶冶人的情操，很受人们喜爱。在国人心中，很早就奠定了其国鱼的尊贵身份。其中，金色或红色种类的金鱼尤其惹人喜爱。

在中国传统文化中，金鱼也是我国传统的吉祥物，代表着吉祥美好、财富富裕等。作为世界上最有文化内涵的观赏鱼，至今仍向世人演绎着动静之美的传奇。

金鱼种类很多，其形态特征的区别也很大，但是在雕刻方法和雕刻刀法上几乎一样。龙眼金鱼是人们最熟悉的，在众多的金鱼种类中也是最有代表性的，它的形态特征最典型。龙眼金鱼身体小，尾巴大，眼睛突出大如龙眼，姿态优美，色彩艳丽。因此在食品雕刻中，龙眼金鱼是主要的雕刻品种。

2)金鱼雕刻过程

(1)主要原材料：南瓜、胡萝卜、心里美萝卜、红薯等。

(2)雕刻工具：雕刻主刀，U形戳刀，大、中、小号拉刻刀，六边形拉刻刀。

(3)制作步骤：

①雕刻金鱼大形：

a. 取一块状原料，画出金鱼的头和身体的大形，如图4.24所示。

b. 用主刀雕刻出鱼头、鱼身，用U形戳刀雕刻出金鱼嘴巴、脑袋、脸部、肚子轮廓，如图4.25所示。

②金鱼细化成型：

a. 用砂纸将大形打磨光滑。

b. 用U形戳刀雕刻出金鱼颗粒状的头顶，如图4.26所示。

c. 用主刀或拉刻刀雕刻出金鱼身体上的鳞片和鳞骨，如图4.28所示。

d. 用主刀或拉刻刀雕刻出金鱼的鳃，如图4.29所示。

③雕刻金鱼尾巴、腹鳍、背鳍：

a. 雕刻出金鱼尾巴的大形，用大号拉刻刀和小号拉刻刀拉刻出金鱼尾巴的大形纹理走向，如图4.30所示。

b. 用主刀雕刻出金鱼尾巴的造型起伏，如图4.31至图4.33所示。

c. 用六边形拉刻刀刻出金鱼腹鳍、背鳍上的条状纹路，粘接上已刻好的鱼身。

④将仿真眼装在鱼眼球的位置，如图4.34所示。

⑤组装成型，如图4.35所示 。

图4.24

图4.25

图4.26

图4.27

图4.28

图4.29

图4.30

图4.31

图4.32

图 4.33　　　　　　　图 4.34　　　　　　　图 4.35

3）成品要求

（1）整体形象生动逼真，金鱼各部位比例准确。

（2）雕刻刀法熟练，刀痕少，废料去除干净。

（3）金鱼的鳞片大小均匀过渡，位置前后错开。

（4）金鱼眼睛位置准确，呈圆球形突出。

（5）雕刻好的金鱼尾巴要有轻盈、灵动、飘逸的感觉。

4）操作要领

（1）雕刻前，要熟悉金鱼的形态特征和各部位的特点，最好是先在纸上画一下。

（2）金鱼身体圆，肚子显得大而鼓。

（3）金鱼头部不要雕刻得太大，尾巴要雕刻得宽大一点，这样显得好看。

（4）雕刻鱼鳞片时一般是从鱼头往鱼尾雕刻，从鱼背开始往鱼肚方向雕刻。

（5）金鱼的尾巴可以看成由两条鲤鱼的尾巴构成的。

6. 神仙鱼的雕刻（图 4.36）

图 4.36

1）神仙鱼的相关知识介绍

神仙鱼，又名燕鱼，天使鱼、小鳍帆鱼等，原产于南美洲的圭亚那、巴西。神仙鱼头小而尖，体侧扁，呈菱形，背鳍和臀鳍很长很大，挺拔如三角帆，上下对称。神仙鱼的腹鳍特别长，如飘动的丝带。从侧面看，神仙鱼游动时宛如在水中飞翔的燕子，故神仙鱼又称燕鱼。

美丽得清尘脱俗的神仙鱼，体态高雅、潇洒娴静，游姿俊俏优美，色彩艳丽，被誉为热带观赏鱼中的"皇后鱼"，受到人们的喜爱。

2）神仙鱼雕刻过程

（1）主要原材料：胡萝卜。

（2）雕刻工具：雕刻主刀，小号 U 形戳刀，大、中、小号拉刻刀。

（3）制作步骤：

①雕刻大形：

a. 将胡萝卜切成长 15 厘米、厚 1.5 厘米的两块。

b. 用 502 胶水把两块胡萝卜粘接成平整的四方块，如图 4.37 所示。

c. 用水溶性铅笔画出神仙鱼身体的形状，如图 4.38 所示。

d. 用主刀从鱼头下刀往后运刀依次开出背鳍、尾巴。

e. 用主刀刻出鱼嘴、下巴、腹部、腹鳍并去除棱角。

f. 用大号拉刻刀拉出鱼嘴、鱼鳃、鱼腹部、鱼尾的轮廓。

g. 用主刀去除废料，削出神仙鱼的大形，如图 4.39 所示。

②细化成型：

a. 用主刀雕出鱼鳃，如图 4.40 所示。

b. 用 U 形戳刀戳出鱼眼，如图 4.41 所示。

c. 用六边形拉刻刀拉出鱼鳍的纹路。

d. 用六边形拉刻刀拉出鱼尾的纹路，如图 4.42 所示。

e. 用主刀刻出神仙鱼的鳞片，注意每层鳞片要互相交叉，如图 4.43 所示。

f. 另取一块胡萝卜雕出神仙鱼腹部两侧的鱼鳍，如图 4.45 所示。

g. 另取一片胡萝卜雕出神仙鱼底下的两根长须，如图 4.46 所示。

③组装成品：

a. 在神仙鱼身腹部的两侧分别粘上雕刻好的鱼鳍。

b. 在鱼鳃下面粘上两根神仙须。

c. 在鱼眼的位置装上仿真眼，这样神仙鱼就组装好了，如图 4.47 所示。

d. 把组装好的神仙鱼组装在提前雕好的底座上即完成，如图 4.48 所示。

图 4.37

图 4.38

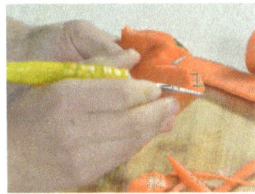

图 4.39

图 4.40

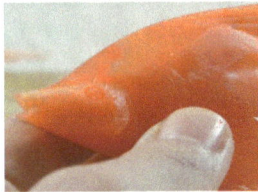

图 4.41

图 4.42

图 4.43

图 4.44

图 4.45

图 4.46

图 4.47

图 4.48

3）成品要求

（1）神仙鱼形态生动、逼真，比例协调。

（2）雕刻的刀法熟练，鱼鳞大小均匀，作品刀痕较少。

4）操作要领

（1）雕刻神仙鱼的大形时可以把其看成两个三角形。

（2）神仙鱼的背鳍和臀鳍的形状和大小要一样，是对称的。

（3）在雕刻时，神仙鱼的腹鳍可以雕刻得长一点，这样效果更好。

（4）神仙鱼的胸鳍比较小，可以不雕。

7．虾类的雕刻（图 4.49）

图 4.49

1）虾类的相关知识介绍

虾类主要分为海水虾和淡水虾，虾类的种类很多，包括青虾、河虾、草虾、小龙虾、对虾、明虾、基围虾、琵琶虾、龙虾等。其中，对虾是我国特产，因其个大，出售时常成对出售而得名。虾是游泳的能手，游泳时泳足像木桨一样频频整齐地向后划水，身体就徐徐向前驱动了。受惊吓时，它的腹部敏捷地屈伸，尾部向下前方划水，能连续向后跃动，速度十分快捷。

现代医学研究证实，虾具有很高的食疗价值，并用做中药材。虾能增强人体的免疫力，补肾壮阳，抗早衰。常吃虾皮有镇静作用，常用来治疗神经衰弱、神经功能紊乱诸症。海虾还可以为大脑提供营养。海虾中含有 3 种重要的脂肪酸，能使人长时间保持精力集中。

2）淡水虾雕刻过程

（1）主要原材料：胡萝卜、南瓜、青萝卜。

（2）雕刻工具：雕刻主刀、中号拉刻刀、中小号 QQ 刀。

（3）制作步骤：

①雕刻大形：

a. 取胡萝卜一个，并将其破开成两半，取其中一节修成 1.5 厘米厚。

b. 用水溶性铅笔画出头和身体的比例及造型，如图 4.51 所示。

c. 雕刻出河虾的背部曲线，如图 4.52 所示。

d. 削好虾身两边的棱角，用中号拉刻刀拉刻出虾头和虾身的厚度。

②细化成型：

a. 用小号拉刻刀刻出六节虾身，如图 4.53 所示。

b. 用主刀雕刻尾巴，如图 4.54 所示。

c. 在虾的头部雕刻出呈锯齿状的额剑，如图 4.55 所示。

d. 用小号 QQ 刀拉刻出虾的一对眼睛，如图 4.56 所示。

e. 用主刀刻出眼睛前的护眼甲，如图 4.57 所示。

f. 用主刀将虾脚长短大形削出来，在两边去掉一点废料；用主刀将虾脚、虾钳厚度片出来并去掉中间的废料，如图 4.58 所示。

g. 雕刻出虾头、胸和躯干部的颚足和泳足，如图 4.59 和图 4.60 所示。

③组装成品：

a. 在眼睛部位装仿真眼并组装虾须，这样河虾就组装好了，如图 4.61 所示。

b. 把组装好的河虾组装在提前雕好的底座上即完成。

图 4.50

图 4.51

图 4.52

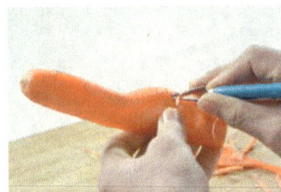

图 4.53

图 4.54

图 4.55

图 4.56

图 4.57

图 4.58

图 4.59

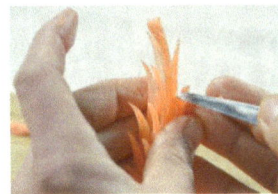

图 4.60

图 4.61

3)成品要求

(1)虾形态生动、逼真，身体和尾巴雕刻的比例长度等于两个头的长度，虾身呈弓形并长于虾头。

(2)雕刻的刀法熟练，作品刀痕较少。

4)操作要领

(1)刻虾时，虾头要向上，身体不要太直，要弯曲呈弓形。但是，虾身不能雕刻成卷曲的形状。

(2)在雕刻虾的过程中，要多使用拉刻刀，防止产生太多的刀痕。

(3)虾的颚足可以雕刻得稍长些，泳足稍短。

课后习题

一、单选题

1.（   ）是鱼的呼吸器官。

A. 鱼鳃 　　　　　　B. 鱼鳍 　　　　　　C. 鱼尾 　　　　　　D. 鱼鳞

2. 在食品雕刻中，鲤鱼的形态一般雕刻成跳跃、游动的样子。其变化主要是（   ）和尾鳍的姿态。

A. 头部 　　　　　　B. 尾部 　　　　　　C. 翅膀 　　　　　　D. 脚部

3. 虾没有鱼那样的尾鳍，只有（   ）对泳足。

A. 2 　　　　　　　　B. 3 　　　　　　　　C. 4 　　　　　　　　D. 5

二、简答题

1. 鱼类的基本结构分别是什么？

2. 神仙鱼的主要特征、特点有哪些？

3. 虾的主要形态特征有哪些？

项目五

昆虫类食品雕刻

任务 昆虫类雕刻工艺

1. 昆虫类的基本结构

昆虫是所有生物中种类及数量最多的一群。昆虫遍布全球，是繁盛的动物，已发现100多万种。昆虫在生物圈中扮演着很重要的角色：虫媒花需要得到昆虫的帮助，才能传播花粉；而蜜蜂采集的蜂蜜，也是人们喜欢的食品之一。在东南亚和南美的一些地方，昆虫也是当地人的食品，但有部分昆虫对人类也有危害。据不完全统计，中国各地能作为食物食用的昆虫有数十种。

昆虫的种类很多，但在食品雕刻中，作为雕刻题材的昆虫并不是很多，主要是一些色彩艳丽、形态小巧可爱、富有情趣的昆虫。这些昆虫在人们的思想意识中本来就有较好的印象，容易接受。而一些对人有害、让人反感和厌恶的昆虫是绝对不能在食品雕刻中出现的。

昆虫类雕刻品在实际应用中大多不是作为作品主体出现的，而是作为配角和点缀，但是在整个作品中的作用却很大，它能使整个雕刻作品产生强烈的对比和节奏感，使作品显得精致、细腻而有意蕴，令人赏心悦目，让人产生一种深深的陶醉感。在学习昆虫类雕刻的过程中，首先要了解昆虫的结构，一般是找到活的昆虫、标本或是一些图片，仔细观察它们的外形、色彩和各部位细部结构，然后再在纸上画出来，最后才是按照雕刻方法、步骤进行练习。

昆虫的构造有异于脊椎动物，它们的身体并没有内骨骼的支持，外裹一层由几丁质构成的壳。这层壳会分节以利于运动，犹如骑士的甲胄。昆虫一生要经过多个形态变化。成虫身体由一系列体节构成，进一步集合成3个体段，骨骼包在体外部；身体分为头、胸、腹3部分，通常有2对翅、6条腿和1对触角，翅和足都位于胸部。

2. 昆虫类雕刻的特点和要领

(1)雕刻成品形体要求小巧、精致，特别是一些细节之处如果雕刻得好，能给主体作品增添很多色彩。

(2)采用组合雕刻的方式进行雕刻，特别是脚、翅膀等部位。

(3)要对昆虫的形态结构作深入地观察分析，雕刻前一定要先画出来。

(4)雕刻昆虫的脚、触角要显得细小，翅膀要尽量地薄。

(5)雕刻昆虫类的原材料选料广泛，多用边角余料进行雕刻。

3. 蝴蝶的雕刻（图 5.1）

图 5.1

1）蝴蝶的相关知识介绍

蝶通称为"蝴蝶"，也称作"蝴婕"，全世界有 14 000 余种，大部分分布在美洲，尤其在亚马孙河流域品种最多，在世界其他地区除了南、北极寒冷地带以外均有分布。中国台湾地区也以蝴蝶品种繁多著名。蝴蝶是昆虫演进中最后一类生物。

蝶类白天活动。蝶类成虫吸食花密，大多数种类的幼虫以杂草或野生植物为食，少部分种类的幼虫因取食农作物而成为害虫，还有极少种类的幼虫因吃蚜虫而成为益虫。蝴蝶身体小巧，腹瘦长，翅膀和身体有各种花斑，头部有一对棒状或锤状触须，翅膀阔大，颜色艳丽，静止时四翅竖于背部。翅是鳞翅，体和翅被扁平的鳞状毛覆盖。蝴蝶翅膀上的鳞毛不仅能使蝴蝶艳丽无比，还像蝴蝶的一件雨衣。因为蝴蝶翅膀的鳞片里含有丰富的脂肪，能把蝴蝶保护起来，因此即使下小雨时，蝴蝶也能飞行。蝶类翅色绚丽多彩，人们往往把它作为观赏类昆虫。

在食品雕刻中，蝴蝶雕刻方法比较简单，主要是要雕刻出蝴蝶的形态特征和特点：蝴蝶翅膀比身体大很多，前翅要比后翅大，两边翅膀以身体为轴对称，这种对称不仅是形状上的对称，而且在花纹、色彩上也是对称的。另外，蝴蝶的触须可以雕刻得长一点，这样效果更好。

2）蝴蝶雕刻过程

（1）主要原材料：南瓜、胡萝卜、心里美萝卜等。

（2）雕刻工具：主刀、拉刻刀、U 形截刀等。

（3）制作步骤：

①雕刻大形：

a. 用主刀切一厚片原料，在上面画出蝴蝶的大形，并用主刀雕刻出来，如图 5.2 和图 5.3 所示。

b. 用主刀或是拉刻刀雕刻出蝴蝶的头部、胸部和腹部，如图 5.4 所示。

②细化成型：

a. 用主刀和戳刀雕刻出蝴蝶翅膀上的花纹。

b. 用主刀把雕刻好的蝴蝶从翅膀处分开，使翅膀呈展开的姿态，如图 5.5 所示。

③装仿真眼，泡水定型，如图 5.6 和图 5.7 所示。

图 5.2

图 5.3

图 5.4

图 5.5

图 5.6

图 5.7

3）成品要求

（1）蝴蝶整体对称，完整无缺，形象生动、逼真，展翅欲飞。

（2）蝴蝶的触须、头、胸和腹比例恰当，细节刻画清楚、明快。

4）操作要领

（1）雕刻前要熟悉蝴蝶的外形，最好是先在纸上画出来。

（2）由于主要采用整雕的方式制作，因此操作时要细心、稳当。

（3）两片翅膀厚薄适当，平整光滑。

4．蝈蝈的雕刻（图 5.8）

图 5.8

1）蝈蝈的相关知识介绍

蝈蝈为三大鸣虫之首，分布很广。蝈蝈的身体呈扁形或圆柱形，全身鲜绿或黄绿色，头大、颜面近平直；触角褐色，丝状，长度超过身体；复眼椭圆形；前胸脖甲发达，盖住中胸和后胸，呈盾形。雄虫翅短，有发音器；3 对足，后足发达，善跳跃。蝈蝈属杂食性昆虫，天然蝈蝈主要以捕食昆虫及田间害虫为生，是田间卫士，也是捕捉害虫的能手。

中国独有的蝈蝈文化源远流长，至今仍在延续。人们喜欢饲养蝈蝈，作为一项消遣娱乐活动，饲养蝈蝈本身对身体还有一定的保健作用，同时极大地促进了身心健康。

在食品雕刻中，蝈蝈的雕刻方法是比较难的，难点在于蝈蝈细体形小，结构却比较复杂，因此在雕刻前一定要仔细观察蝈蝈的形态特征、特点，采用组合雕的方式雕刻。正因如此，雕刻精致的蝈蝈在应用时往往能给人眼前一亮的感觉，就像齐白石的草虫画一样，画的草虫形神兼备，活灵活现，而与它相配的花草、瓜果却是大写意的。这样的搭配使整个作品显得更加细腻、出神入化，令人赏心悦目。

2）蝈蝈雕刻过程

（1）主要原材料：青萝卜、心里美萝卜等。

（2）雕刻工具：主刀、六边形拉刻刀、小号 U 形戳刀等。

（3）制作步骤：

①取一块状原料，在上面画出蝈蝈的整体大形，并用拉刻刀刻出来，如图 5.9 所示。

②雕刻出蝈蝈的头、脖甲、翅膀以及腹部的细节，如图 5.10 和图 5.11 所示。

③雕刻出蝈蝈的前足、中足、后足，如图 5.12 至图 5.14 所示。

④给雕刻好的蝈蝈装上前足、中足、后足和触须，如图 5.15 至图 5.17 所示。

图 5.9

图 5.10

图 5.11

图 5.12

图 5.13

图 5.14

图 5.15

图 5.16

图 5.17

3）成品要求

（1）成品整体完整，形象生动逼真。

（2）蝈蝈各个部位比例恰当，细节突出。

（3）蝈蝈的前足和翅膀细小，后足粗大，而且长。

4）操作要领

（1）雕刻主刀的刀尖部分要特别锋利，便于雕刻细节。

（2）蝈蝈雕刻成品宜小不宜大，小的效果更好。

（3）蝈蝈的前后足可以采用平刻的雕刻方法，这样就能一次雕刻好几对足，提高了工作效率。

课后习题

一、单选题

1. 昆虫类雕刻品能使整个雕刻作品产生强烈的对比和（　　　）。

A. 韵律感　　　　　B. 节奏感　　　　　C. 多变性　　　　　D. 多样性

2. 雕刻昆虫的脚、触角要显得（　　　）。

A. 细小　　　　　B. 宽厚　　　　　C. 高大　　　　　D. 精细

3. 蝈蝈有（　　　）对足。

A. 3　　　　　B. 4　　　　　C. 5　　　　　D. 6

4. 螳螂腿足的雕刻可以借鉴蝈蝈腿足的雕刻方法和技巧，可以采用（　　　）的方式雕刻。

A. 圆雕　　　　　B. 平刻　　　　　C. 浮雕　　　　　D. 镂空雕

二、简答题

1. 蝴蝶的形态特征主要有哪些？

2. 蝈蝈的形态特征主要有哪些？在雕刻时，应该注意哪些事项？

项目六

畜兽类食品雕刻

任务　畜兽类雕刻工艺

1. 畜兽类雕刻的相关知识介绍

畜兽类的种类很多，但是与人类关系密切的主要有两大类：一类是人类为了经济或其他目的饲养的兽类，如猪、牛、鹿、羊、马、骆驼、兔、狗等；另一类是猛兽和传说中的吉祥神兽，如老虎、狮子、麒麟、龙等。人类最早饲养家畜起源于一万多年前，这是人类走向文明的重要标志之一。家畜为人类提供了较稳定的食物来源，为人类的发展进步作出了重大贡献。"畜"最初是兽类，现在的主要家畜都被认为是由史前的野生动物驯养而来的。狗是最古老的驯养动物，从旧石器时代起就已经有了。中国人古代所称的"六畜"是指马、牛、羊、鸡、狗、猪，即中国古代最常见的 6 种家畜。但是，鸡在现在一般不再称为家畜，而称为飞禽。

畜兽和人类的关系密切，有些和人类还有很深的感情，在我国的传统文化中还被赋予很多美好而吉样的含义。因此，一些畜兽类题材的艺术作品往往能得到人们的喜爱。

2. 畜兽类的形态结构特征

畜兽类的雕刻在食品雕刻中难度是很大的。畜兽类刻主要的题材有马、牛、羊、兔以及老虎、狮子、麒麟、龙等。畜兽类的动物种类很多，身体结构上主要分为头部、颈部、躯干和四肢四部分，在体形和结构上主要有以下共同特征。

（1）所有动物的脊椎都是弯曲的，不是直线的。当动物的头处于正常位置时，脊椎会从头部向下弯曲直到尾部。

（2）所有动物的胸腔部位都占据身体一半以上的体积。

（3）所有动物的前腿都要比后腿短。前腿的腿形接近直线形，和后腿相比，前腿就像支撑身体的柱子。

（4）不同种类动物之间形态区别很大。其中头部的区别最大，而身体躯干等部位的结构特征却比较相似。

（5）去除头颈部和四肢的身体躯干，几乎所有动物的身长都是身宽的 2.5 倍。

在本项目畜兽类雕刻的学习中，主要是把马作为畜兽类雕刻的典型代表来学习。通过马的雕刻学习，可以举一反三，比较容易地学会对牛、鹿、羊、虎等动物的雕刻。

3. 中国龙的雕刻（图 6.1）

图 6.1

1）龙的相关知识介绍

龙是中华民族古代劳动人民创造的一种理想的动物形象，是神话传说中的神异动物。传说中的龙具有强大的本领，能走，能飞，能潜水；能显，能隐，能短，能长，能兴云降雨；春分登天，秋分潜渊，呼风唤雨，无所不能。

封建时代龙是帝王的象征，代表着至高无上的权势，是高贵、尊荣的象征。龙在中国传统的十二生肖中排第五，其与白虎、朱雀、玄武一起并称"四神兽"。龙与凤凰、麒麟、龟一起并称"四瑞兽"。在民间，常将龙和凤凰组合成"龙凤呈祥""龙飞凤舞"等图案和形象，象征着祥瑞长寿、幸福和美、天下太平、风调雨顺、生活富足等。

传说中华民族的祖先黄帝和炎帝都是龙子，所以中华各族人民也就是"龙的传人"。龙是中国的象征、中华民族的象征和中国文化的象征。龙的形象是一种符号，一种情绪，一种血肉相连的情感。"龙的子孙""龙的传人"这些称谓，常令中国人激动、奋发、自豪。龙的形象和文化早已渗透到了中国社会的各个方面、各个领域，成为中华文化的凝聚和积淀。

传说中国龙是由九种动物合而为一，是兼备各种动物之所长的异类，具体由哪九种动物组成是有争议的。其形有九似：头似牛，角似鹿，眼似虎，牙似象，鬃似狮，身似蛇，鳞似鱼，爪似鹰，尾似狗。其背有八十一颓，具九九阳数；声如戛铜盘，口旁有须髯，额下有明珠，喉下有逆鳞；头上有博山，又名尺木，龙无尺木不能升天；呵气成云，既能变水，又能变火。另一说是："嘴像马，眼像虎，须像羊，角像鹿，耳像牛，鬃像狮，鳞像鲤，身像蛇，爪像鹰"；还有一说是："头似驼，限似鬼，耳似牛，角似鹿，项似蛇，腹似，鳞似鲤，爪似鹰，掌似虎。"正因如此，龙的形态结构并没有统一的标准，身体造型变化多端。但是，按照龙的动态姿势可以分为团龙、坐龙、行龙、升龙、降龙等；按照龙爪数量的多少又可以分为三爪龙、四爪龙、五爪龙。元代以前的龙基本是三爪的，有时前两足为三爪，后两足为四爪。明代流行四爪龙，清代则是五爪龙为多。周朝有"五爪天子，四爪诸侯，三爪大夫"的等级规定；民间也有"五爪为龙，四爪为蟒"的说法。

在龙的造型变化中，要注意把握好龙"三挺、三要、三不"的特点。所谓"三挺"就是脖子挺，腰挺，尾巴挺；"三要"就是要有粗细变化，要有转折变化，要各部位衔接自然；"三不"就是不低头，不闭嘴，不闭眼。因此，只要抓住龙的特点和造型要点，就能自由变化，创造出形态各异、姿态万千的龙的形象。

2）中国龙的雕刻过程

了解和熟悉中国龙身体的基本结构是学好龙雕刻的前提。中国龙题材的雕刻作品要表现出龙威猛无比、势不可当、不可战胜、唯我独尊的气势。

（1）主要原材料：南瓜、胡萝卜、香芋、红薯等。

（2）雕刻工具：主刀，大、中、小号拉刻刀，戳刀，502 胶水，砂纸等。

（3）制作步骤

①龙的头部雕刻：

a. 取南瓜切成梯形长方块，在窄的一头确定鼻子和额头的位置，如图 6.2 所示。

b. 确定双眼、额头、鼻梁和鼻翼的位置并雕刻出大形，如图 6.3 所示。

c. 细致地雕刻出龙的鼻翼，如图 6.4 所示。

d. 用 U 形戳刀或大号拉刻刀雕刻出龙的鼻梁和眼眶，如图 6.5 所示。

e. 雕刻出龙的眼睛，如图 6.6 所示。

f. 确定龙上嘴唇翻卷的形状，并用主刀雕刻出来，如图 6.7 所示。

g. 雕刻出龙的上牙齿，把獠牙、前长牙和尖牙一起雕刻出来，如图 6.8 所示。

h. 确定龙下嘴唇翻卷的形状，并雕刻出来，如图 6.9 所示。

i. 雕刻出下牙齿的形状，如图 6.10 所示。

j. 确定龙的脸颊位置和大形，并雕刻出脸颊和腮刺，如图 6.11 所示。

k. 雕刻出龙的角，如图 6.12 所示。

l. 给雕刻好的龙头粘上舌头，如图 6.13 和图 6.14 所示。

②龙的躯干部位的雕刻：

a. 取一个瓜肉比较厚实且个大的南瓜，确定龙身体的姿态和大形，并用主刀雕刻出来，如图 6.15 所示。

b. 去掉龙身大形的棱角，确定龙背鳍的走向，并用中号拉刻刀沿着龙背鳍的走向拉刻出一条凹槽，如图 6.16 所示。

c. 用大号拉刻刀或是中号 U 形戳刀雕刻出龙的腹甲，如图 6.17 所示。

d. 用砂纸将雕刻好的龙身打磨平整后，再用主刀雕刻出龙身上的鳞片，如图 6.18 所示。

e. 另取南瓜雕刻出龙的背鳍，并粘接在凹槽内，如图 6.19 所示。

f. 雕刻出龙尾巴，并将龙尾巴粘接在龙身体的尾部，如图 6.20 所示。

③龙四肢的雕刻：

a. 取一块状南瓜原料，画出龙腿的大形，并用主刀雕刻出来，如图 6.21 所示。

b. 雕刻出龙的四个爪趾，如图 6.22 和图 6.23 所示。

c. 用 U 形戳刀或大号拉刻刀雕刻出龙大腿上的凹凸点，并用砂纸打磨光滑，如图 6.24 所示。

d. 画出龙大腿前面的火焰披毛，并用拉刻刀和主刀雕刻出来，如图 6.25 所示。

e. 用主刀雕刻出龙大腿上的护甲，如图 6.26 所示。

f. 用拉刻刀和 U 形戳刀雕刻出龙小腿上的细节，如图 6.27 所示。

g. 在龙大、小腿的关节处粘接上肘毛，如图 6.28 所示。

④组装成型：

a. 将雕刻好的耳朵、毛发和龙须组装在龙头上，如图6.29至图6.31所示。

b. 将尾部的尾发雕刻出来并粘接，如图6.32和图6.33所示。

c. 将雕刻好的龙头、龙身、龙腿等部件组装成完整的中国龙，如图6.34所示。

图6.2

图6.3

图6.4

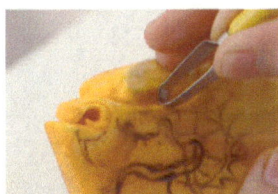

图6.5

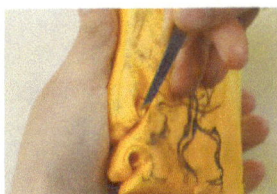

图6.6

图6.7

图6.8

图6.9

图6.10

图6.11

图6.12

图6.13

图6.14

图6.15

图6.16

图 6.17

图 6.18

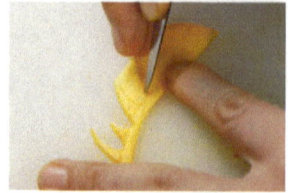

图 6.19

图 6.20

图 6.21

图 6.22

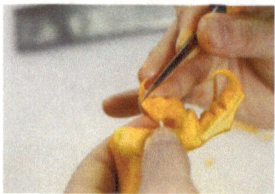

图 6.23

图 6.24

图 6.25

图 6.26

图 6.27

图 6.28

图 6.29

图 6.30

图 6.31

图 6.32

图 6.33

图 6.34

3）成品要求

（1）作品整体完整，各部位结构准确，比例恰当，形态生动，气势如虹。

（2）刀法熟练、细腻，作品刀痕较少。

（3）采用零雕整装的方法和写实与写意相结合的雕刻手法进行雕刻创作。

（4）龙的整体线条流畅，腿爪苍劲有力，肌肉块大小饱满，牙齿锋利，鼻头圆润，具有阳刚之美。

4）操作要领

（1）龙的头部是雕刻的重点和难点，雕刻时要熟悉龙头部的结构特征。

（2）龙身体姿态要灵活，要注意首、腹、尾3个身段的粗细变化。

（3）雕刻过程中，应注意雕刻工具的合理使用，多用戳刀或拉刻刀。

4．骏马的雕刻（图6.35）

图 6.35

1）骏马的相关知识介绍

马是草食性的哺乳动物，史前即为人类所驯化，家马也是由野马驯化而来的。中国是最早开始驯化马匹的国家之一。马在古代曾是农业生产、交通运输和军事等活动的主要动力。全世界马的品种有200多种，中国有30多种，主要分为乘用型、快步型、重挽型、挽乘兼用型4种。不同品种的马，体格大小相差悬殊。马易于调教，通过听、嗅和视等感觉器官，能形成牢固的记忆。

马在中华民族的文化中地位极高，具有一系列的象征意义和寓意。马是能力、圣贤人才、有作为的象征，古人常常以"千里马"来比喻。千里马是日行千里的优秀骏马，相传周穆王有8匹骏马，常常骑着它们巡游天下。"八骏"：一匹叫绝地，足不践土，脚不落地，可以腾空而飞；一匹叫翻羽，可以跑得比飞鸟还快；一匹叫奔霄，夜行万里；一匹叫超影，可以追着太阳飞奔；一匹叫逾辉，马毛的色彩灿烂无比，光芒四射；一匹叫超光，一匹马身十个影子；一匹叫腾雾，驾着云雾而飞奔；一匹叫挟翼，身上长有翅膀，像大鹏一样展翅翱翔九万里。有的古书把"八骏"想象为8种毛色各异的骏马，它们分别为赤骥、盗骊、白义、逾轮、山子、渠黄、驴骦、绿耳。其实，骏马的神奇传说都是在形容贤良的人才。

"天行健，君子以自强不息！"龙马精神是中华民族自古以来所崇尚的民族精神。祖先们认为，龙马就是仁马，它是黄河的精灵，是炎黄子孙的化身，代表了华夏民族的主体精神和最高道德。它身高八尺五寸，长长的颈项，显得伟岸无比；骨骼生有翅翼，翼的边缘有一圈彩色的鬃毛，引颈长啸，发出动听而和谐的声音。这匹由华夏民族的魂魄所生造出的龙马,雄壮无比,力大无穷,追月逐日,披星跨斗,乘风御雨,不舍昼夜。这正是中华民族战天斗地,征服自然的生动写照,也是炎黄子孙克服困难,乐观向上,永远前进的生动比喻。

2)骏马的基本结构和特点

(1)马站立时,其头长与颈长大致相等。马的躯干长度大致等于3个多马头的长度。

(2)马的躯干长度与马的身高大致相当,其中腿长高于身宽。

(3)前肢关节位置要比后肢关节的位置略低,这也是所有哺乳动物的一个特点。

(4)前肢关节位于腹线的上方,后肢关节位于腹线的下方。

(5)骏马的背部开阔、平实,腰部坚挺瘦劲,肋部结构紧密匀称、弧度合理,肚腹部紧凑、结实,也就是所谓的"良腹"。

(6)马头呈梯形,眼睛位于头部的1/3处,脸颊分界线在头部的1/2处。

(7)马的眼睛大而且突出,是陆地动物中最大的。耳形如削竹,是良马的特征。

(8)马的肌肉发达,特别是胸部的肌肉群。小腿部位主要是由骨骼、筋腱和皮肤构成,基本无肌肉。

(9)马躯干的长度是其宽度的两倍多,这也是畜兽类动物的共同特点。

3)骏马的雕刻过程

了解和熟悉马体的基本结构是学好骏马雕刻的前提,包括肌肉和骨骼的结构分布等,马的雕刻作品要表现出骏马肌肉饱满、骨质坚实、生机勃勃、所向无敌的气势。在雕刻顺序上,一般是先雕刻马的头部,然后是身体大形和四肢大形,最后才是细节的处理。

(1)主要原材料:南瓜、胡萝卜、香芋、红薯等。

(2)雕刻工具:主刀,大、中、小号拉刻刀,戳刀,502胶水,砂纸等。

(3)制作步骤:

①马的头部雕刻过程:

a.取一梯形原料,分成3等份,确定眼睛的位置,画出鼻梁形状,并用主刀雕刻出来,如图6.36所示。

b.雕刻出马突出的眼眶,如图6.37所示。

c.用中号拉刻刀雕刻出马的鼻子,并用砂纸打磨光滑,如图6.38所示。

d.用主刀雕刻出马的鼻孔,把马嘴部的棱角修圆,如图6.39所示。

e.确定马嘴张开的嘴线,并雕刻出马的嘴,如图6.40所示。

f.雕刻出马的牙齿、长脸颊和脸部的肌肉,如图6.41所示。

g.雕刻出马眼睛下面的肌肉,如图6.42所示。

h.雕刻出马的眼睛,如图6.43和图6.44所示。

②马的躯干部位、四肢以及毛发、尾巴雕刻:

a.画出马的身体姿态,雕刻出马的前腿和后腿,如图6.45至图6.49所示。

b.首先确定马背部的运动曲线,并雕刻出来,如图6.50所示。

c.确定马前胸的位置,并雕刻出来,如图6.51所示。

d.雕刻出马的脖子,如图6.52所示。

e.用砂纸把雕刻好的马身体打磨光滑。

f.用大、中、小号拉刻刀和戳刀交替使用,雕刻出骏马的脖颈、躯干和四肢的肌肉和褶皱，如图 6.53 所示。

  g. 把雕刻好的马头粘接在雕刻马身的原料上。

  h. 雕刻出马的耳朵，粘接在马的头顶上，如图 6.54 所示。

  i. 用主刀把头和脖子的连接处修整一下，雕刻出挤压褶。

  j. 雕刻出马的鬃毛和尾巴，并粘接在马的躯干上，如图 6.55 至图 6.59 所示。

图 6.36

图 6.37

图 6.38

图 6.39

图 6.40

图 6.41

图 6.42

图 6.43

图 6.44

图 6.45

图 6.46

图 6.47

图 6.48

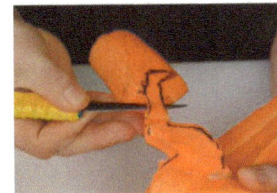

图 6.49

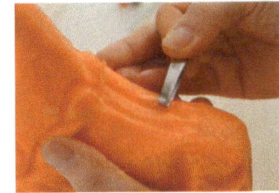

图 6.50

图 6.51

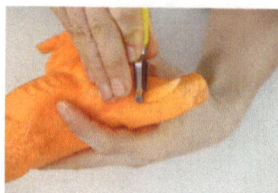

图 6.52

图 6.53

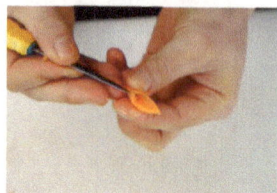

图 6.54

图 6.55

图 6.56

图 6.57

图 6.58

图 6.59

4)成品要求

(1)骏马的整体姿态优美、雄壮，各个部位结构准确，比例协调。

(2)作品整体完整，雕刻手法、刀法熟练，刀痕和破皮的现象少。

(3)写意和写实相结合的雕刻方法运用恰到好处。

5)操作要领

(1)一定要熟悉马的形态结构和各部位比例关系。

(2)雕刻前，可以在纸上先画一下骏马的整体形象。

(3)要注意骏马的眼睛大约位于头部的 1/3 处，很大而且突出；鼻孔是卷起的。

(4)熟悉骏马的骨骼和肌肉的结构分布，对于雕刻好马的前、后腿和肌肉效果的处理有很大的帮助。

(5)马的雕刻最好采用写实和写意相结合的雕刻方法进行创作，肌肉和毛发可以在写实的基础上夸张一点，这样更能表现出骏马的神韵。

(6)在对骏马的肌肉进行处理时，大、小拉刻刀和戳刀要先大后小，交替使用，然后用砂纸打磨出效果。

课后习题

一、单选题

1.(   )在现在一般不再称为家禽。

A. 鸡   B. 鸭   C. 鹅   D. 狗

2. 去除头颈部和四肢的身体躯干，几乎所有动物的身长都是身宽的（　　）倍。

A. 1　　　　　　　B. 2　　　　　　　C. 3　　　　　　　D. 4

3. 马的躯干长度大致等于（　　）个多马头的长度。

A. 1　　　　　　　B. 2　　　　　　　C. 3　　　　　　　D. 4

二、简答题

1. 骏马的形态特征主要有哪些？在食品雕刻中是如何表现和刻画的？

2. 龙的形态特征主要有哪些？在食品雕刻中是如何表现和刻画的？

3. 畜兽类雕刻在体形和结构上主要有哪些共同特征？

项目七

瓜雕类食品雕刻

任务　瓜雕类雕刻工艺

1. 瓜雕的相关知识介绍

食品雕刻中的瓜雕是高档宴席和宴会的高级美食工艺菜品。瓜雕类雕刻是果蔬类雕刻中的一种，是运用特殊刀具和雕刻刀法、手法将瓜类原料（如西瓜、南瓜、冬瓜等）雕刻成瓜灯、瓜盅、瓜篮、瓜船、瓜罐、瓜盒、龙舟等容器类食品雕刻作品的一种食品雕刻方式。其中，瓜灯、瓜盅、瓜篮的应用较为广泛。瓜雕主要是利用瓜皮与肉质的颜色对比来表现图案和主题，瓜雕作品基本上保持了瓜类原料原来的形状。瓜雕的表现形式有浮雕、镂空雕、套环雕、透明雕等，在一个瓜雕作品中常以多种表现形式存在。

《山家清供》是南宋时期的一部重要烹饪著作，其中就讲到在宋时有一个人将香橼对切开，做成两只杯子，在香橼皮上雕刻上花纹，并且用它温酒给客人品尝，其味道特别香醇且雅趣横生。这应该是现代的冬瓜盅、西瓜盅之类的瓜雕类雕刻的雏形。瓜雕艺术发展的鼎盛时期是明、清时期，扬州兴起瓜雕的热潮，开始以瓜灯居多，后瓜刻盛兴。《扬州画舫录》中有"取西瓜餐刻人物、花卉、虫鱼之戏"，其表现的内容、雕刻的刀法和作品的构思都达到了相当的高度。

随着社会的发展和人们生活水平的不断提高，瓜雕类雕刻技术也随着食品雕刻艺术的不断提高而进一步得到发展和创新。

2. 瓜雕类雕刻的特点

（1）瓜雕类雕刻的技术难度相对比较简单、容易。瓜雕主要是在各种瓜类原料的表面上进雕刻，而且多以浅浮雕和套环的形式出现。

（2）瓜雕类作品相比其他果蔬雕，其表现形式特别，特色非常的突出，容易引人注目，装饰席面效果好。

（3）瓜雕能够用来表现情节比较丰富、细腻的作品。瓜类原料质地细腻，软硬适中，便于雕刻，因此在刻画一些复杂的细节时就比较容易。

（4）瓜雕类作品能增加菜点的可食性以及菜点的色彩和香味。瓜雕的原材料本身就是可以食用的，而且具有特殊的香味和色彩，在和菜点搭配时能使菜点的品质更加完美。

（5）瓜雕要求作者不仅雕刻技法精湛，而且要有良好的美术修养，是集雕刻与绘画于一体的雕刻艺术。因此，对于有绘画功底的雕刻者来讲，掌握瓜雕技巧就更加容易。

（6）瓜雕类作品实用性强，作品不易变形、变色。

3. 瓜雕常用的工具

瓜雕的主要雕刻工具就是一些果蔬雕刻常用的工具。但由于雕刻形式以及雕刻方法上的独特性，因此也有一些特有的雕刻工具。

(1)戳线刀(刻线刀)：戳线刀是一种外形比较特殊的雕刻工具，主要用于戳线条和瓜雕时制作套环。由于其设计独特，因此雕刻出的线条很容易做到粗细、宽窄、厚薄一致。

(2)分规：分规是圆规的一种，区别在于分规的两个脚都是金属尖。其主要用于在瓜类原料上定位、画圆、画平行线以及确定雕刻物体的比例。

(3)薄金属汤勺：其在瓜雕中主要用来掏挖瓜瓤，将瓜的内部挖空、挖净。

(4)画线笔：画线笔主要有墨水笔、水溶性画笔、圆珠笔等，主要用于瓜雕时在原料上摘绘图案。

4. 瓜雕主要的雕刻技法

(1)平面雕：平面雕是瓜雕中最简单实用的一种雕刻方法，就是用刻线刀或戳刀直接在原料上雕出较浅的线条图案，如山水、花鸟、鱼虾等。平面雕分为阳文雕和阴文雕。

(2)高浮雕：高浮雕是在原料的表面雕刻出向外凸出的图案，由于图案凸出的高度比较高，因此图案的立体感较强；主要使用主刀进行雕刻，某些地方也可用戳刀雕刻。

(3)镂空雕：镂空雕是把掏空了的瓜类原料表面的某一部分戳透镂空的一种雕刻技法。楼空的部分一般是图案空余的地方，主要用于瓜灯的雕刻制作。

(4)套环雕：套环雕是用一种特殊的刻线刀雕刻出各种套环，形成似断非断的效果。套环雕也是一种特殊的镂空雕。

(5)组合雕：组合雕是将上面几种雕刻方法组合运用。现在多数的瓜雕作品都包含了好几种雕刻技法。

5. 瓜雕雕刻的注意事项

(1)选料要好。要求原料新鲜，大小合适，表皮光滑、平整、完整，颜色均匀、鲜浓，没有花纹。

(2)作品构思要好。要求主题明确、合理，雕刻内容与宴会的主题或菜点的性质搭配恰当。

(3)加强美术修养，提高绘画的能力。瓜雕有一种说法就是画得好，不一定作品质量就好，但是画不好，最后的作品质量肯定差。

(4)雕刻时，注意力要求集中，下刀要稳健，刀路要流畅。雕刻时，先雕刻主体部分，然后才是其他部分；先是重点部分，然后才是一般部分。

(5)画图前，原料要洗干净，并把水擦干。雕刻时，应在原料下垫上湿毛巾，可防止在转动原料时打滑。

(6)揭盖、掏瓤的时候，要根据作品的需要确定瓜瓤掏挖的程度。比如，雕刻西瓜灯的时候，就要求留一部分红瓤，以便内衬蜡烛或电子灯具。

(7)雕刻底座的大小要合适，底座占盅体的1/3，盖占盅体的1/3，底座的颜色和内容要与瓜身的颜色及瓜身的内容风格一致。

(8)雕刻图案前，可将图案拓于瓜体上再进行雕刻。瓜雕的内容主要是常见的艺术字或较复杂的图案。比如，剪纸、皮影、贴画、窗花、年画、刺绣、素描、简笔画、吉祥图案等都是很好的瓜雕图案素材。

6. 瓜雕的制作步骤(图7.1)

图 7.1

(1)构思：根据宴会的性质和菜点的内容设计出合适的瓜雕作品，包括原料的选择、表现形式、主题思想以及主要雕刻内容的确定等。

(2)画图：将构思好的内容在雕刻前先画在瓜的表面上，通常是先在瓜类原料上确定瓜盖、瓜身和瓜座，然后把瓜身均匀地分成3个或4个面，再在每个面上画出边框，最后在边框内画出设计好的图案内容。

(3)雕刻：这个过程就是将画好的图案内容用雕刻的方法表现出来，这是瓜雕最重要的一个环节。

(4)揭盖、掏瓤：雕刻好图案内容后将瓜盖揭开，并把瓜雕挖空或留一定量的瓜瓤。

(5)雕刻底座：瓜雕主体雕刻好后需要给其雕刻一个底座。底座的主要作用是固定瓜雕的主体，使瓜雕作品更加完美。

(6)浸泡：雕刻好的作品需要在水中浸泡约15分钟，并整理瓜环和其他细节。

(7)组装瓜雕作品：将瓜盖、瓜身和底座组装在一起。为了使整体效果更好，也可以在作品的周围搭配一个小的雕刻配件。

1)瓜盅的雕刻(图7.2至图7.10)

简单的瓜盅主要由盅和底座两部分构成。盅又分盅体和盅盖，雕刻者要根据瓜盅的结构特点和造型特点，从瓜盅的整体布局、图案设计和点缀装饰3个方面进行。瓜盅一般作为盛器或独立作为观赏性食品工艺品。

图 7.2

图 7.3

图 7.4

图 7.5

图 7.6

图 7.7

图 7.8

图 7.9

图 7.10

2)瓜灯的雕刻(图 7.11 至图 7.22)

　　瓜灯的雕刻与瓜盅极为相似，但瓜灯是纯观赏性的食品工艺品。将瓜瓤按需要掏出，便于内置灯具，多采用镂空或用透明雕的方法。镂空的雕刻方法是在瓜的表皮做图案后再在合适的部位镂空，使光线透射出瓜外。透明雕的雕刻方法是先在瓜的表皮做图案后再用刀具将瓜的内壁刮薄，便于在外边看到瓜体内部朦胧的光。

图 7.11

图 7.12

图 7.13

图 7.14

图 7.15

图 7.16

图 7.17

图 7.18

图 7.19

图 7.20

图 7.21

图 7.22

3)雕刻瓜雕的底座部分

(1)取较大的西瓜，切 1/3，用戳线刀截刻出瓜口线，雕成图案后并浸入水中。

(2)在另一观赏面刻上双层套环，将两个侧面做成简单的交叉套环。

(3)去掉上下两个盖，掏瓤后浸泡于水中。

4)瓜篮的雕刻(图 7.23 至图 7.31)

瓜篮属于纯观赏性的食品工艺品，其作用是盛装食品或鲜花等，可分为设计、布局、雕刻、整理、点缀装饰等部分。

雕刻过程：

(1)取较小的西瓜，设计出瓜篮的图案，进行镂空和刻环。

(2)去掉多余部分，用戳刀刻出若干西瓜线条，用小 U 形刀戳出若干孔，将线条插入小孔做成花篮的边。

(3)用 U 形戳刀沿花篮的提手戳，去余料，用水浸泡后整理成型。

图 7.23

图 7.24

图 7.25

图 7.26

图 7.27

图 7.28

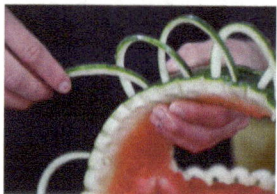

图 7.29

图 7.30

图 7.31

5)瓜篮、瓜灯和底座组装成型

要求底座、瓜灯和瓜篮摆放在一条中心线上，如图7.1所示。

6)操作要领

(1)最好选墨绿色皮面的西瓜，这样使图案显得清爽而不杂乱。

(2)所用刀具必须锋利，否则有毛边容易断。

(3)瓜灯去瓜瓤时要保留0.5厘米厚的瓜瓤。

(4)出套环时，要先去瓤后泡在水中从瓜内部往外推出层次。

(5)底座的瓜瓤要留下，贴瓜瓤用手刀进刀，保证露出的瓜瓤平滑。

(6)花篮的瓜瓤要留下插花用，可省去花泥。

(7)初学者可以备502胶水粘接断的瓜环。

(8)做浮雕时，空白部位可根据需要用较细的砂纸打磨。

(9)盅体、底座和瓜篮必须摆放在一条中心线上。

课后习题

一、单选题

1. 瓜雕主要是利用(　　)与肉质的颜色对比来表现图案和主题，瓜雕作品基本上保持了瓜类原料原来的形状。

　　A. 瓜肉　　　　　　　B. 瓜皮

2. 瓜雕制作步骤：构思→画图→(　　)→揭盖、掏瓤雕刻底座→浸泡→组装瓜雕作品。

　　A. 平刻　　　　　　B. 雕刻　　　　　　C. 赠刻　　　　　　D. 透明雕

二、简答题

1. 雕刻时，瓜环线不平整、有毛边是什么原因造成的？应怎么避免？

2. 瓜雕的表现形式有哪些？

3. 瓜雕主要的雕刻技法有哪些？

项目八

人物类食品雕刻

任务 人物类雕刻工艺

1. 人物类雕刻的相关知识介绍

人物类的雕刻在食品雕刻中是难度相对比较大的，学习起来比较困难，但是，人物又是我们平时接触最多、最熟悉的，对于各类人物的高矮、胖瘦、美丑也能比较容易地鉴别出来。因此，在学习人物类雕刻时我们可以把自己或是朋友作为模特来观察学习。特别是再结合中国绘画实践中总结的一些规律，把这些知识用在人物的雕刻学习中，就会取得比较好的效果。在人物类雕刻学习中，要做到五官准确、表情传神、身体比例恰当。

在食品雕刻中，雕刻的人物对象主要是神话传说中的各类人物以及古代美女和英雄人物等，如寿星、罗汉、仙女、关公、老人、幼童等。

在中国悠久的绘画历史进程中，历代画家总结出了许多画人物的规律，而这些规律在食品雕刻中同样可以借鉴，并加以运用，这对我们学好人物类的食品雕刻有非常大的帮助，是必须掌握的基础知识。

2. 人物头部结构

人物的头部是人物类雕刻的关键，一个人最后是美丑还是胖瘦，包括气质风度、喜怒哀乐等都主要是通过人物头部来体现的。人物头部主要包括眼、耳、鼻、嘴、眉毛、头发、胡须以及发型、装饰物品等，其中，五官的位置在头部也有一个比较准确的比例关系。

人的头部是左右对称的，这点在雕刻的过程中一定要特别注意。人物的眼睛是一个球形，嵌在左右两个眼窝内。从侧面看，眼睛在鼻子高度的1/3处，外边罩着上下眼皮。一般来讲，人的上眼皮比下眼皮宽得多，并且要比下眼皮高一点。上下眼皮相交的地方就是眼角，分内外两个，两个眼角高低变化因人而异，但是左右必须是对称的，否则只是一点儿误差都会让人感觉不美观。眉毛的长短、粗细、浓淡变化主要根据人物的不同身份来确定，但是，眉毛在靠近鼻梁的一段一般都是向下。嘴主要包括人中、上下嘴唇、嘴角和牙齿等。口裂线位于鼻尖到下巴的1/3处。一般上嘴唇比下嘴唇高而宽，棱角分明。嘴角的大小、牙齿是否外露跟人物的表情有关。鼻子在五官的中央，主要由鼻梁、鼻翼和鼻尖组成。其中鼻尖是人物面部最高的地方。耳朵和下颚是处在同一直线上的，无论怎样都不会变化。耳朵的位置与鼻子位置平齐且长度相当，耳孔在头部的中心点上，耳朵在耳孔后边一点。人物的发型、装饰物品以及胡须等因人而异，差别较大。

3. 人物手部结构

在人物类的雕刻中，除了人物头部，手应该是暴露在外最多的了。因此，雕刻好手对于雕刻好人物就显得非常重要。伸开手掌，可以看到中指占整个手长的一半，拇指指端接近食指的中节，小手指端与无名指的第一关节相齐。从手背看去，中指的长度要超过手长度的一半（现代人与古代人的手是一样的）。

4. 寿星的雕刻（图 8.1）

图 8.1

1）寿星的相关知识介绍

寿星是中国神话中的长寿之神，原为福、禄、寿三星之一，又称南极老人星；秦始皇统一天下后，在长安附近杜县建寿星祠，后寿星演变成仙人名称。古人以寿星比作长寿老人的象征，常衬托以鹿、鹤、仙桃等，象征长寿。

福、禄、寿三星中的寿星老人，一身平民装扮，慈眉善目，和蔼可亲。但在古代，他却曾经是地位崇高的威严星官。现在的寿星老人形象，已从一位威严的星官演化为了最和蔼可亲的世俗神仙。寿星形象也发生了相应的改变，最突出的改变要数他硕大无比的脑门。

寿星的大脑门，与古代养生术所营造的长寿意象紧密相关，比如，丹顶鹤的头部就高高隆起；再如寿桃，是王母娘娘蟠桃会上特供的长寿仙果。或许就是因为种种长寿意象融合叠加，最终造就了寿星的大脑门。

福、禄、寿三星，起源于远古的星辰自然崇拜，古人按照自己的意愿，赋予他们非凡的神性和独特的人格魅力，在民间的影响力很大。人们常用"福如东海，寿比南山"祝愿长辈幸福长寿。道教创造了福、禄、寿三星形象，迎合了人们的这一心愿，"三星高照"就成了吉利语。

2）寿星雕刻过程（零雕刻整装）

（1）主要原材料：南瓜、心里美萝卜、青萝卜、胡萝卜。

（2）雕刻工具：主刀，大、中、小号拉刻刀，戳刀，502 胶水等。

（3）制作步骤：

①寿星头部的雕刻：

a. 取质地紧实的南瓜原料一段，修整成上部约大的圆柱形，并在原料上画出寿星的脑门、中分线和三庭五眼等。

b. 用拉刻刀把寿星的头部大形雕刻出来。

c. 用小号拉刻刀雕刻出寿星的长眉毛和眼眶的大形。

d. 用主刀雕刻出寿星的鼻子和上嘴部。

e. 用主刀雕刻出寿星的眼睛和下嘴部。

f. 用拉线刀雕刻出寿星的胡子大形，并刻出发丝。

g. 雕刻出寿星的耳朵，并把脸颊旁边的料去掉，使其五官突出来。

②雕刻寿星的躯干和四肢以及其他配件，并组装成型：

a. 将雕刻好的头部按要求粘接在雕刻躯干的原料上边。

b. 按比例和要求在原料上粘接两块原料，用做雕刻寿星的上肢部分。

c. 雕刻出身体的大形。

d. 雕刻出脖颈和衣领，并雕刻出衣服上的衣纹和褶皱。

e. 另取原料雕刻出龙头拐杖、葫芦、寿桃、仙鹤、祥云假山等配件并组装成型。

3)寿星雕刻过程(整雕)

(1)确定所雕刻寿星的整体姿态，并在原料上用笔画出整体大形，如图 8.2 所示。

(2)用 V 形截刀或拉刻刀雕刻出寿星的大脑门、须眉以及衣袍的大形，如图 8.4 所示。

(3)用拉刻刀雕刻出寿星的鼻子和长眉毛的大形，并用小号 U 形刀雕刻出鼻尖和鼻翼，如图 8.5 所示。

(4)在已经雕刻好的面部上确定五官的形状和位置，最好用笔画出来。

(5)用小号拉刻刀雕刻出寿星比较凸出的眼泡，如图 8.6 所示。

(6)用拉刻刀雕刻出头部与躯干连接处的衣领大形，如图 8.7 所示。

(7)用 V 形戳刀和拉刻刀雕刻出衣纹，如图 8.8 所示。

(8)用砂纸将雕刻好的部分打磨光滑，并用主刀雕刻出寿星的嘴巴和眼睛，如图 8.9 所示。

(9)用画线刀雕刻出寿星的胡须大形，如图 8.10 和图 8.11 所示。

(10)用小号拉刻刀和主刀雕刻出寿星的耳朵，如图 8.12 和图 8.13 所示。

(11)用主刀雕刻出寿星的须发、龙头拐杖、葫芦等部件，并组装成型，如图 8.14 至图 8.22 所示。

图 8.2

图 8.3

图 8.4

图 8.5

图 8.6

图 8.7

图 8.8

图 8.9

图 8.10

图 8.11

图 8.12

图 8.13

图 8.14

图 8.15

图 8.16

图 8.17

图 8.18

图 8.19

图 8.20

图 8.21

图 8.22

4)成品要求

(1)作品整体形象生动，比例恰当，神态饱满、端庄、和蔼可亲。

(2)寿星脑门大而突出，慈眉善目，长眉、长须、笑容可掬。

(3)雕刻刀法和雕刻手法娴熟，作品完整，刀痕少。

(4)在细节的处理上做到详略得当，重点突出。

5）操作要领

（1）雕刻前，对寿星的形态特征、特点以及服饰等要熟悉。

（2）雕刻中要做到详略得当，重点部位精雕细刻。

（3）寿星服饰的雕刻可以简单一点，要显得比较宽大。

（4）雕刻过程中，在刀具的使用上主要是用主刀和拉刻刀，这样可以减少刀痕和破皮现象的发生。

（5）寿星雕刻多采用零雕整装的方法进行雕刻，这样雕刻难度相对较低，且效果很好。

课后习题

一、单选题

1. 人的头部是（   ）对称的。

A. 左右   B. 上下

2. 眉毛的长短、粗细、浓淡变化主要根据人物的不同（   ）来确定。

A. 性别   B. 职位   C. 身份   D. 身材

3. 寿星雕刻过程中用（   ）形截刀或拉刻刀雕刻出寿星的大脑门、须眉以及衣袍的大形。

A. X   B. Y   C. Z   D. V

二、简答题

1. 人物类雕刻中，人物头部结构和手部结构有哪些特征和特点？

2. 食品雕刻中的寿星有哪些主要的特征和特点？在雕刻中是如何处理的？

项目九
建筑物食品雕刻

任务　建筑物雕刻工艺

1. 中国古建筑的分类

（1）宫廷府第建筑：如皇宫、衙署、殿堂、宅第等，都是一些比较大型的建筑，这些宫廷府第建筑尽管是建于唐、宋、元、明、清时期的，可是它们依然影响着现代的许多建筑。

（2）防御守卫建筑：如城墙、城楼、堞楼、村堡、关隘、长城、烽火台等这些用来抵御外敌入侵的建筑。

（3）纪念性和点缀性建筑：如市楼、钟楼、鼓楼、过街楼、牌坊、影壁等，为纪念有功绩的（或显赫的）人或重大事件，以及在有历史或自然特征的地方营造的建筑或建筑艺术品。这类建筑多具有思想性、永久性和艺术性。

（4）苑囿建筑：如御园、宫囿、花园、别墅等。中国是世界上最早进行造园活动的国家之一，最早的园林便是皇家苑囿。财富的积累，使历代帝王在构建华美宫室之外，兴建各种园林、围场，开成皇室独享的御花园。皇家苑囿满足了帝王之家的琴、棋、射、骑等宴游之乐，在掇山理水之间，构筑了华美殿宇，其装修彩绘，无一不是斥资无数的瑰丽建筑，是中国园林建筑的极致表现。

（5）桥梁及水利建筑：如石桥、木桥、堤坝、港口、码头等。

（6）宗教建筑：如佛教的寺、庵、堂、院，道教的祠、宫、庙、观，伊斯兰教的清真寺，基督教的礼拜堂等。

（7）民居建筑：如窑洞、茅屋、草庵、民宅、庭堂、院落等。

（8）娱乐性建筑：如乐楼、舞楼、戏台、露台、看台等。

2. 宝塔的雕刻（图 9.1）

图 9.1

1)塔的相关知识介绍

塔是一种在亚洲常见的，有着特定的形式和风格的东方传统建筑，一种供奉或收藏佛舍利(佛骨)、佛像、佛经、僧人遗体等的高耸型点式建筑，又称"佛塔""宝塔"。

塔这种建筑形式缘起于古代印度，称作窣堵坡，是佛教高僧的埋骨建筑。随着佛教在东方的传播，窣堵坡这种建筑形式也在东方发展起来，发展出了塔这种极具东方特色的传统建筑形式。

随着佛教传入中国的窣堵坡与中土的重楼结合后，经历了唐、宋、元、明、清各朝的发展，并与临近区域的建筑体系相互交流融合，逐步形成了楼阁式塔、密檐式塔、亭阁式塔、覆钵式塔、金刚宝座式塔、宝箧印式塔、五轮塔、多宝塔、无缝式塔等多种形态结构各异的塔系，建筑平面从早期的正方形逐渐演变成了六边形、八边形乃至圆形，其间塔的建筑技术也不断进步，结构日趋合理，所使用的材质也从传统的夯土、木材扩展到了砖石、陶瓷、琉璃、金属等材料。14世纪以后，塔逐渐从宗教世界走向世俗世界，因此按照经律系统，塔可以分为佛塔和文峰塔。

在建筑学层面，塔是一种非常独特的东方建筑，其体量高大，用料多样，在不同的地区地质条件不同，建塔技术也不同。对塔的建筑学研究涉及材料力学、结构力学、土壤学、地质学等诸多方面。

在东方文化中，塔的意义不仅仅局限于建筑学层面。塔承载了东方的历史、宗教、美学、哲学等诸多文化元素，是探索和了解东方文明的重要媒介。

2)塔雕刻过程

(1)主要原料：南瓜。

(2)雕刻工具：主刀、小号拉刻刀、六边形拉刻刀、U形戳刀等。

(3)制作步骤：

①用菜刀切去南瓜的头尾，从上至下将原料切削为上小下大的五棱柱体，如图9.2所示。

②用画笔定出宝塔檐层位置，基本为六等分，最上层稍长些，如图9.3、图9.4所示。

③用主刀刻出上下层塔檐弧面，采用横刀手法或执笔手法，从第一层的一个檐角处进刀并向下运刀至另一个檐角，刻出一个塔檐的上弧面，用同样方法刻出另外五个上弧面，如图9.5所示。

④采用执笔手法从檐角下部进刀沿弧面向内刻至塔檐最低处(每个檐角分向两侧各需一刀)，如图9.6所示。

⑤用拉刻刀雕刻出塔层轮廓，去掉层间废料，如图9.7所示。

⑥用主刀沿柱体侧面进刀去除塔檐下面的废料，再用刀尖去除檐角上面的废料，使檐角上翘，同法刻出其他各层塔檐，如图9.8至图9.11所示。

⑦用小号拉刻刀从塔檐边缘向上戳出瓦片的线条，如图9.12所示。

⑧用U形戳刀配合主刀刻出每层塔门及窗子，修圆形塔顶，并刻出进塔台阶，如图9.13至图9.15所示。

⑨刻好的宝塔放入明矾水中浸泡一分钟取出，保持水分鲜亮感，如图9.16所示。

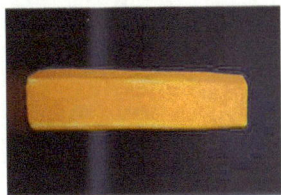

图 9.2

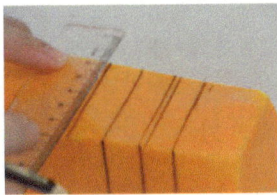

图 9.3

图 9.4

图 9.5

图 9.6

图 9.7

图 9.8

图 9.9

图 9.10

图 9.11

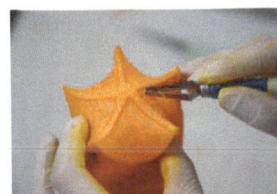

图 9.12

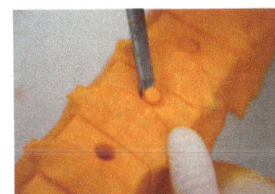

图 9.13

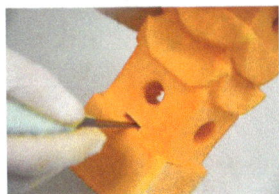

图 9.14

图 9.15

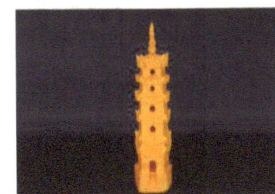

图 9.16

3）成品要求

（1）作品整体形态端正、五角飞檐、简洁粗犷。

（2）塔檐整体对称，无划刀，外观精致唯美。

（3）雕刻刀法和雕刻手法娴熟，作品完整。

（4）在细节的处理上做到详略得当，重点突出。

作要领

)雕刻前，对宝塔的外表特征、特点等要熟悉。

（2）切削过程中，柱体侧面五个面要一样大小，刀口整齐平衡。

（3）雕刻中，塔檐弧面曲线圆润，刀口不宜重复修整，保持刀口的平直，注意去掉废
t时进刀的深浅要准确。

（4）雕刻瓦片时注意线条的深度、大小、间距一致。

（5）用U形戳刀配合主刀可较方便地刻出塔门及窗子。

3. 凉亭的雕刻（图9.17）

图9.17

1）凉亭的相关知识介绍

凉亭是最能代表中国建筑特征的一种建筑形式，也是中国人最为喜闻乐见的一种建筑
形式。

我国园林中凉亭的运用，最早的史料开始于南朝和隋朝时代，距今已有一千五百年的
历史。据《大业杂记》记载，隋炀帝广辟地周二百里为西苑（也就是今天的洛阳），"其中有
逍遥亭，八面合成，结构之丽，冠绝今古"。又《长安志》记载，唐大内的三苑中皆筑有观
赏用的园亭，其中"禁苑在宫城之北，苑中宫亭凡而是二十四所。"

从敦煌莫高窟唐代修建的洞窟壁画中，我们可以看到那个时期凉亭的一些形象：那时
亭的形式已相当丰富，有四方亭、六角亭、八角亭、园亭；有攒尖顶、歇山顶、重檐顶；
有独立式的，也有与廊结合的角亭等。但多为佛寺建筑，顶上有刺，相当宏丽壮观。唐代
的凉亭，已经基本上和明清时期的亭是相同的。唐代园林中，亭是很普遍使用的一种建
筑，官僚士大夫的宅院、衙署、别苑中筑亭甚多。据史书记载，唐代的统治阶级到了炎热
的季节，建有凉殿或"自雨凉亭"，这种自动下雨的凉亭，每当暑热的夏天，雨水会从屋檐
上往四外飞流，形成一道水帘，在凉亭里就会感到凉快。

凉亭的应用十分广泛，在城镇乡村中，有路亭、街亭、桥亭，供人遮阴蔽雨、驻足小
憩。在寺、观、庙、祠中，有钟鼓亭、献亭、享亭、祭亭，服务于宗教或是祭祀活动。在
官衙府邸中，又有凉亭、戏亭、乐亭和井亭等具有休闲娱乐功能和实用价值的亭。在风景
胜地和园林之中，更是因为有了各种各样的景亭作为点缀，而增加了景致美。

2）凉亭的雕刻过程

（1）主要原材料：芋头。

（2）雕刻工具：主刀、六边形拉刻刀、U形刀等。

（3）制作步骤：

①用菜刀切去芋头的头尾，将原料切削成一个长方体，横截面为正方形，如图9.18

所示。

②用主刀在其横截面的一端以 45°角斜度在其表面往下旋出去四个弧形的瓦檐，使原料的一端呈现金字塔形，如图 9.19 和图 9.20 所示。

③刻底座，以及刻出亭柱的位置，去除余料，如图 9.21 和图 9.22 所示。

④用主刀配合 U 形刀去除亭内的余料，如图 9.23 所示。

⑤用主刀沿柱体侧面进刀去除亭檐下面的废料，如图 9.24 所示。

⑥在底座两面雕刻台阶，如图 9.25 和图 9.26 所示。

⑦用六边形拉刻刀刻出翘檐水槽(琉璃瓦)，如图 9.27 所示。

⑧用主刀刻出屋顶葫芦，如图 9.28 和图 9.29 所示。

图 9.18

图 9.19

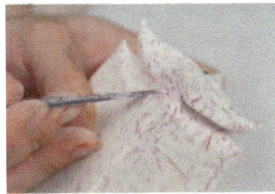

图 9.20

图 9.21

图 9.22

图 9.23

图 9.24

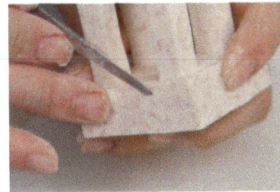

图 9.25

图 9.26

图 9.27

图 9.28

图 9.29

3）成品要求

（1）凉亭形态完美，无划刀。

（2）亭柱笔直光滑，挺而有力，坚韧不拔。

（3）亭檐数目清晰，客观可言。

（4）台阶细节方正突出，层层叠叠。

4）操作要领

（1）雕刻前，要对凉亭的宽度进行对比以确保对称。

（2）雕刻亭檐上方时要注意角度的适中。

（3）切削亭内要整齐、平滑，不得有凸起。

（4）雕刻翘檐水槽时，注意线条的深度、大小、间距一致。

4. 拱桥的雕刻

1）拱桥的相关知识介绍

中国是桥的故乡，自古就有"桥的国度"之称，发展于隋，兴盛于宋。遍布在神州大地的桥，编织成四通八达的交通网络，连接着祖国的四面八方。中国古代桥梁的建筑艺术，有不少是世界桥梁史上的创举，充分显示了中国古代劳动人民的非凡智慧。潮州广济桥（湘子桥）、河北赵州桥、泉州洛阳桥、北京卢沟桥被称为中国四大古桥。中国古今桥梁的科学技术，不少都曾走在世界桥梁建筑的前列，许多桥梁样式仍继续对世界近代桥梁建筑产生影响。同时，它又是活的文物瑰宝，记载着许多珍贵的资料。

我国的拱桥始建于东汉中后期，已有一千八百余年的历史。它是由伸臂木石梁桥、撑架桥等逐步发展而成的，在形成和发展过程中又受墓拱、水管、城门等建筑的影响。因为拱桥的主要承重构件的外形都是曲的，所以古时常称为曲桥。在古文献中，还用"囷""窌""窣""瓮"等字来表示"拱"。我国建造拱桥的历史要比以造拱桥著称的古罗马晚好几百年，但我国的拱桥却独具一格，形式之多，造型之美，世界少有，有驼峰突起的陡拱，也有宛如皎月的坦拱；有平坦的纤道多孔拱桥，也有形成自然纵坡的长拱桥。拱肩上有敞开的（如大拱上加小拱，现称空腹拱）和不敞开的。拱形有半圆、多边形、圆弧、椭圆、抛物线、蛋形、马蹄形和尖拱形，可说应有尽有。孔数上有单孔与多孔，多孔以奇数为多，偶数较少。

2）拱桥的雕刻过程

（1）主要原材料：芋头。

（2）雕刻工具：主刀、小号拉刻刀、大号 U 形戳刀等。

（3）制作步骤：

①先打初坯：将原料切削成一个半圆环的形状，桥头两边稍稍向两侧延伸，如图 9.30 所示。

②雕刻栏杆：在桥上沿两边刻出齿轮状作为栏杆（桥上的栏杆讲究对称），如图 9.31 所示。

③用主刀划出桥面，并去除废料，如图 9.33 所示。

④雕刻出桥面，然后雕刻栏杆的间隔空隙，在齿轮状的凹槽下面刻出一个长方体，如图 9.34 所示。

⑤在桥面斜坡两面雕刻阶梯，如图 9.35 至图 9.38 所示。

图9.30

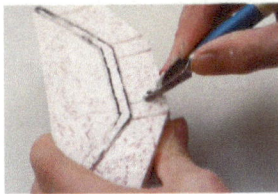

图9.31

图9.32

图9.33

图9.34

图9.35

图9.36

图9.37

图9.38

3）成品要求

(1)拱桥作品成品要求棱角分明，桥栏杆错落有数。

(2)形态逼真生动。

(3)下刀角度准确。

(4)雕刻时掌握好桥洞大小和桥身的高度。

(5)桥上各个阶梯的比例。

4）操作要领

(1)雕刻前注意桥的整体形态是否一致。

(2)雕刻栏杆时两边的栏杆要保持对称。

(3)桥面切削要整洁干净，外观圆滑。

(4)阶梯的雕刻要分明清晰，精细雕刻。

(5)外观要鲜明干净，无划刀划痕。

课后习题

一、单选题

1 中国园林的布局大都是四周筑墙，四面开门，（　　　）角建造角楼。

A. 一　　　　　　　B. 二　　　　　　　C. 三　　　　　　　D. 四

2. 凉亭雕刻在雕刻翘檐水槽时注意线条的深度、大小、间距（　　　）。

A. 一致　　　　　　B. 不一致

3. 拱桥雕刻在雕刻栏杆时两边的栏杆要保持（　　　）。

A. 对称　　　　　　　　B. 不对称

二、简答题

1. 中国古建筑的分类有哪些？

2. 宝塔的雕刻要领和注意事项分别是什么？

3. 凉亭雕刻成品要求有哪些？

4. 拱桥雕刻的注意事项有哪些？

项目十
实用盘饰与展台作品欣赏

任务一　实用盘饰作品欣赏

1. 盘饰的概念和作用

盘饰是指对菜肴的装饰，也称为盘头、围边、镶边等，就是把蔬菜、水果等食物原料切成或雕成一定形状后摆放在菜肴周围或中间，或是对盛装菜点的餐具进行装饰和美化，利用其造型与色彩对菜肴进行装饰、点缀的一种方法。

盘饰是食品雕刻具体应用的一部分，在菜点制作中应用非常普遍，在现代餐饮中有着特殊的地位，发挥着重要的作用。盘饰不仅能够起到美化菜品，提升菜点的色、形和档次的作用，而且还能增强食欲、营造情趣和烘托气氛，给食客美的艺术享受，是烹饪技术中必不可少的技能。

2. 盘饰的种类

根据制作盘饰时所用的原材料可以把盘饰分为六大类，即奶油果酱类盘饰、水果类盘饰、蔬菜类盘饰、鲜花类盘饰、休闲食品类盘饰和糖艺面塑类盘饰。但在盘饰实际的应用中，往往是各类盘饰的综合运用。

1）奶油果酱类盘饰

其主要原料是奶油、巧克力酱和各色果酱，辅助原料是水果。制作时，把各色原料装入裱花袋，然后在盘子上裱画出具有一定造型的图案或线条，还可与水果等搭配组合而成。这类盘饰制作方法简单、快速，色彩鲜艳，其成品具有奶油、果酱等的芳香味道，具有高雅、简练、干净、亮丽之感，还可以进行文字和卡通造型的表现。

2）水果类盘饰

其主要原材料是各类可食用的水果。制作时，把各类水果进行简单的刀工处理或是雕刻，然后在盘子上进行组合造型。特别是利用水果皮进行切、划、折、卷等造型时往往有一种抽象美的艺术效果。水果类盘饰的特点是：切配简单，颜色自然鲜艳，不用色素，可食性强，成品还具有水果的诱人香味和色泽。

3）蔬菜类盘饰

其主要原材料是可食用的蔬菜。制作时，把各类蔬菜进行简单的刀工处理或是雕刻，然后在盘子上进行组合造型。其特点是：原材料丰富，颜色多为绿色，自然鲜艳。还可以制作一些比较精致的，能体现一定技术水平的立体盘饰。蔬菜类盘饰是应用最多的一类盘饰。

4）鲜花类盘饰

其主要原材料有小型鲜花和叶茎类花草。其特点是：制作方法简单、实用，可以随用随摆，具有艺术的浪漫之感，给人以温馨、喜悦的感觉。

5）休闲食品类盘饰

其主要原料是各种各样、品种众多的休闲食品。制作时，把各种不同形状、不同颜色、不同品种的休闲食品进行有机地搭配组合，从而产生一种独特的装饰美化效果。

6）糖艺面塑类盘饰

糖艺和面塑用于菜点的装饰是非常好的一种造型手段，是一种可食性和艺术性相结合的食品或食品装饰插件的加工工艺。糖艺、面塑制品色彩丰富绚丽，三维效果清晰，是面点行业中最奢华的展示品或装饰原料。这类装饰具有高雅、抽象、简练、干净、亮丽的浪漫艺术之感。

3. 盘饰应用的方式和方法

1）边角装饰点缀法

在盛器的一边或一角进行点缀，以装饰、美化菜点，使其色、形更加美观，提高菜肴品位和档次。这类点缀方法使用得最多，范围非常广。其特点是：简结、明快、易做，菜肴重心突出，能弥补盘边的局部空缺，有时还能创造一种意境、情趣。常见的雕刻作品对菜肴的装饰多属于边角装饰点缀法。

2）中心装饰点缀法

中心装饰点缀法是在盛器的中间部位进行装饰点缀的方法，是用装饰材料做成花卉或其他形状，对菜肴进行装饰、美化。它能把散乱的菜肴通过在盘中有计划地堆放与盘中心的装饰统一协调起来，使菜点色、形更加漂亮、美观。

3）围边装饰点缀法

围边装饰点缀法就是在盛器的边缘，用经过加工成型的装饰材料，在盛器的四周围成各种几何形和物体象形的装饰点缀方法。常用的几何形有：圆形、心形、椭圆形、方形、五边形等；常用的物体象形有：鱼形、灯笼形、扇面形、花篮形等；包围的形式有：全围式、半围式、点围式。这种方法最适用于形状比较规正的盛器的装饰围边，围出的菜肴要比用其他方法装饰点缀得更整齐、美观，但刀工要求也较严格。

4）隔断式装饰点缀法

隔断式装饰点缀法就是利用加工成型的装饰材料将盛器分隔为几个相对独立的空间的一种装饰点缀方法。这种装饰点缀方法特别适宜两种或两种以上口味的菜点的装饰点缀，可以防止菜点之间互相串味，以保持各自的风味特色。

4. 盘饰制作和应用中的注意事项和要领

1）菜点的装饰美化要遵循以食用为主、美化为辅的原则

尽管菜点的装饰美化很重要，但它毕竟是菜肴的一种外在包装美化手段，决定其食用价值的还是菜肴本身。因此，切不可单纯为了装饰得好看而颠倒主次关系，使菜肴成为中看不中吃的花架子。

2）根据菜点的实际需要进行点缀

菜点在盛菜装盘后，在色、形上已经具有比较完美的整体效果了，就不应再用过多地装饰，不能失去菜点原有的美观，产生画蛇添足之感。如菜点在成菜装盘后的色、形尚有

不足，就需要对菜点进行装饰和点缀。

3）雕刻作品用于菜点装饰点缀时形体不要过大

在盘子中，雕刻作品用于菜点装饰点缀所占位置的比例为：一般热菜不要超过 1/3、冷菜不超过 1/5，高度一般不超过 15 厘米，否则容易造成主次不分，喧宾夺主。太大、太高的装饰反而使菜点的整体效果不协调、不美观。

4）菜点装饰点缀时要注意卫生安全

装饰点缀是菜点制作好后的一种包装美化手段，同时又是传播污染的途径之一。用于装饰美化菜点的装饰物一定要进行洗涤消毒处理，在制作的每个环节中都应注意卫生，无论是个人卫生还是餐具、刀具卫生都不可忽视。

制作盘饰时，尽量不用或是少用色素。在菜点装饰点缀时，装饰物尽量避免与食用原料直接接触，防止造成"生熟不分"。装饰物品中更不能含有毒、有害物质，如 502 胶水、铁钉、化学颜料、塑料泡沫等。

5）菜点装饰点缀时要尽量体现出装饰物的食用性

用于制作盘饰的装饰物应能够食用，方便进餐，而不只是做摆设。所以，以食用的小件熟料、菜肴、点心、水果作为装饰物美化菜肴的方法就值得推广。

6）对菜点的装饰美化忌繁杂

菜肴的装饰美化不应有喧宾夺主之势，不能搞很复杂的构图，也不能过分地雕饰。因此，盘饰制作应该突出简单、明了、清爽，制作快速的风格。

7）盘饰和菜点在内容和形式上要做到协调一致

内容决定形式，形式必须适应内容。装饰与菜肴的整体意境（包括色泽、内容、盛器）必须协调一致，从而使整个菜肴在色、香、味、形诸方面趋于完整而形成统一的艺术体。另外，筵席菜肴的美化还要结合筵席的主题、规格、客人的喜好与忌讳等因素。

8）盘饰制作要有针对性

要根据宴席的性质、形式和自己的艺术手法去创作和设计，从而使盘饰既具有装饰性，又具有知识性和趣味性。

9）盘饰在设计和制作时一定要突出其实用性

设计和制作盘饰的目的不是让客人欣赏盘饰，而是为菜点服务的。因此，盘饰制作时不能仅仅考虑盘饰本身的美观好看，还应该考虑到盘饰与菜点结合后的整体效果。不能出现单独欣赏盘饰时效果好，装上菜点后整体反而不协调、不美观的现象。

10）设计和制作盘饰应从菜点的颜色、形状、口味、主辅料以及意境等方面考虑，这是盘饰设计、制作的关键。比如：

（1）菜点的颜色为冷色，盘饰的颜色宜暖色；反之，则宜冷色。

（2）菜点的形状如是丝、丁、颗粒、末状等，宜采用围边装饰点缀法，可以使散乱的菜点变得整齐好看；如果是大块或整件的菜点，可以采用中心装饰点缀法；如果是整形的菜肴，可以采用边角装饰点缀法。

（3）菜肴的主要原料如果是鱼、虾，盘饰设计时就可以考虑从与之相关的方面入手，其他的依此类推。

（4）菜肴制作成型后如果像一朵花，那盘饰设计时就可以考虑从与花相关的方面入手，如花叶、草虫、禽鸟等，其他的依此类推。

（5）菜肴制作好后有些是有一定的意境的，那么在盘饰设计时就可以考虑从与之相关的方面入手。

（6）菜点的口味是咸的，一般可以采用蔬菜、花草来制作盘饰；如果是甜的，则可以采用水果、糖艺等来装饰点缀。这样主要是为了防止相互间串味。

任务二　实用展台作品欣赏

1. 时尚意境类盘饰鉴赏（图 10.1 至图 10.9）

图 10.1

图 10.2

图 10.3

图 10.4

图 10.5

图 10.6

图 10.7

图 10.8

图 10.9

2. 传统果蔬小雕盘饰鉴赏（图 10.10 至图 10.18）

图 10.10

图 10.11

图 10.12

图 10.13

图 10.14

图 10.15

图 10.16

图 10.17

图 10.18

3. 糖艺作品盘饰鉴赏（图 10.19 至图 10.21）

图 10.19

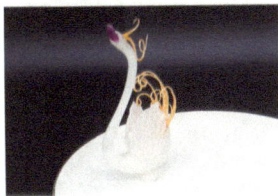

图 10.20

图 10.21

4. 盘饰与菜点结合实例鉴赏（图 10.22 至图 10.24）

图 10.22

图 10.23

图 10.24

课后习题

一、单选题

1. 雕刻作品用于菜点装饰点缀时形体不要过（　　）。

A. 大　　　　　　　　B. 小

2. 盘饰在设计和制作时一定要突出其（　　）性。

A. 实用　　　　　　B. 功能　　　　　　C. 辅助　　　　　　D. 技术

3. 菜点的颜色为冷色，盘饰的颜色宜（　　）色。

A. 冷　　　　　　　　B. 暖

二、简答题

1. 根据制作盘饰时所用的原材料可以把盘饰分为哪几类？

2. 制作盘饰时有哪些注意事项？

3. 盘饰运用有哪些注意事项？